L'ÉPOQUE SANS NOM.

J'ai voulu suivre l'exemple de Diogène qui, à la venue de Philippe, voyant les Corinthiens employés, les uns à réparer leurs brèches, les autres à nettoyer leurs armes, pour ne pas rester seul oisif au milieu de gens si affairés, s'amusait à rouler son tonneau par la ville.

Lucien.

IMPRIMERIE DE DUCESSOIS,
Quai des Augustins, n° 55.

L'ÉPOQUE
SANS NOM

ESQUISSES

DE PARIS

1830-1833;

Par M. A. BAZIN.

I.

PARIS,

ALEXANDRE MESNIER,

23, RUE LOUIS-LE-GRAND.

1833.

PRÉFACE.

Dans un autre temps que celui-ci, l'idée ne me serait pas venue de ramasser quelques fantaisies destinées à une lecture rapide, quelques passetemps d'écrivain, sans objet utile et sérieux, pour en composer un recueil et l'offrir au public sous cette forme imposante où je ne puis encore me déshabituer de chercher un ouvrage. Je ne sais quelle pudeur consciencieuse m'aurait fait résister encore aux encouragemens de ceux qui ont cru découvrir dans ces frivoles ébauches une certaine suite d'idées, de sentimens et de principes, qui les éleverait presque à la hauteur du pamphlet moral ou politique. Les exemples fameux qu'on aurait pu me citer n'eussent pas été suffisans pour imposer silence à mes scrupules. Car je ne me décide volontiers, ni par estime pour moi, ni par imitation des autres. Mais il m'a semblé que la publication de ce livre, tel qu'il est et pour ce qu'il vaut, si elle obtenait quelque faveur, serait un trait de plus ajouté à ceux par lesquels j'ai voulu peindre quelquefois un état de société indécis, pâle, languissant, tremblant de ce qu'il a fait la veille, inquiet de ce qui doit arriver le lendemain, voisin, par sa date, des grands événemens auxquels il semble étranger par sa nature; où l'on n'aperçoit nulle part de pensée qui se promette un avenir, d'entreprise qui compte sur un peu de durée, où l'on vit au jour le jour, où l'on produit pour le succès d'un moment, où l'on semble empressé de recueillir pièce à pièce quelque chose de ce présent qui va nous échapper. Il est possible que bientôt cette physionomie même des lieux, des hommes et des mœurs soit complétement effacée, qu'on ne retrouve plus rien dans Paris de ce que j'y ai vu, que ces esquisses perdent du soir au matin ce mérite de l'exactitude et de la vérité dont il me semble qu'elles ne manquent pas aujourd'hui. Que serait-ce, je vous prie, si j'avais tracé laborieusement une histoire, ou dressé à grande peine un système de gouvernement?

Dans la prévoyance de cet accident auquel sont soumises toutes les œuvres de l'esprit, depuis les théories jusqu'aux panégyriques, ce qu'il m'importe de constater dans cette préface, c'est que les pages suivantes ont été écrites au fur et à mesure du caprice et de l'observation, durant le cours de cette *époque anonyme* qui a suivi la révolution de 1830.

Que si j'appelle ainsi l'état de choses où nous vivons, ce n'est pas le moins du monde pour lui faire tort. C'est tout simplement parce que notre vocabulaire politique n'a pas encore de mot pour qualifier ce qui n'est ni la république, ni l'empire, ni la restauration, et que ceux-là mêmes qui ont fondé notre nouveau régime ne sont aucunement d'accord sur le nom qu'il doit porter. En attendant, cette expression négative a paru assez heureusement trouvée pour figurer au titre d'un livre, ce qui est assurément fort honorable, dans un temps où l'on consomme prodigieusement d'esprit sur les frontispices.

TABLE

DU PREMIER VOLUME.

Préface.
Chapitre	Ier.	Le Prologue.	page 1
—	II.	Le Bourgeois de Paris.	33
—	III.	L'Émeute.	57
—	IV.	Mayeux.	69
—	V.	Les Tuileries.	89
—	VI.	Le Luxembourg.	117
—	VII.	La Chambre des députés.	137
—	VIII.	L'Hôtel des finances.	163
—	IX.	La Bourse.	183
—	X.	Le Palais-de-Justice.	197
—	XI.	Mon ancien Camarade.	229
—	XII.	L'Institut.	239

LE PROLOGUE.

CHAPITRE I.

Nous datons de la révolution consommée en juillet 1830; c'est chose bien entendue. Avant cette époque Paris avait ses splendeurs et ses misères, ses habitudes et ses caprices, ses fonctionnaires et ses journaux, son mouvement d'affaires et son tourbillon d'idées. Tout ce que nous y voyons aujourd'hui s'agiter pour le profit, pour la renommée, pour le plaisir, tous les élémens divers dont se compose le tumulte d'une grande ville, y trouvaient leur place et leur emploi. Mais il est arrivé qu'une violente secousse a bouleversé l'ordre dans lequel ces parties différentes étaient rangées, a mis par terre ce qui brillait au faîte, a logé commodément ce qui végétait à l'étroit. De là des combinaisons nouvelles, des groupes autrement disposés, des personnages qui ont changé de figure et d'attitude. Tellement qu'avec un vif désir de ne pas nous heurter contre cette voisine hargneuse qui a nom « la politique », nous sommes obligés avant tout de lui emprunter notre point de départ, de lui faire viser en quelque sorte notre feuille de route.

Or, puisque nous ne pouvons éviter sa rencontre, il m'a semblé beaucoup plus convenable de l'aborder une fois en face que de glisser timidement à ses côtés. Tout ce que je vous montrerai de Paris devant porter la trace d'une révolution encore fraîche, le récit même de cette révolution devient pour notre recueil une introduction aussi nécessaire que la scène d'exposition dans la vieille tragédie ou le prologue du drame moderne. De bonne fortune il s'est trouvé que, dans la nouveauté même de ce grand événement, au lendemain de la consécration qu'il a reçue, quand aucune expérience n'avait encore pu affaiblir le respect qu'on doit au succès, j'avais eu l'occasion de raconter cet épisode de l'histoire contemporaine. J'écrivais alors pour être lu à quelque mille lieues du théâtre où les faits s'étaient passés ; partant j'avais toute liberté d'exagération, de forfanterie et de mensonge. Mais il est des amitiés qui imposent à leurs secrètes confidences plus de conscience et de vérité peut-être qu'on n'en fournit souvent au public; et je ne suis nullement embarrassé de reproduire aujourd'hui, en tête d'un livre, ce que je disais, sous le cachet d'une lettre familière, à l'illustre historien des *Croisades*, alors qu'il parcourait l'Orient sur la trace des pélerins et des chevaliers que sa plume a fait revivre.

Paris, ce 10 août 1830.

Où êtes-vous, mon cher monsieur, au moment où je prends la plume pour vous écrire? dans quel lieu cette lettre vous trouvera-t-elle? de quel empire détruit foulerez-vous la poussière? à quelles ruines demanderez-vous le récit des événemens qui changent la face des sociétés, lorsqu'on vous remettra ce paquet timbré de Paris, dont vous n'attendez peut-être que des nouvelles frivoles et seulement de quoi rassurer votre cœur sur la santé des amis que vous avez laissés? Cette fois ce n'est pas pour si peu que mon fidèle attachement va vous chercher par-delà les mers, et jeter au milieu de vos méditations un souvenir de la patrie. Quelque sérieuse que puisse être maintenant l'occupation de votre esprit devant ces débris qui vous racontent de si tristes histoires, ne vous dérangez pas, je ne serai pas de trop dans vos pensées : je viens vous parler révolution.

Vous souvient-il du jour où, par le plus beau soleil dont notre France reçoive les rayons, un vent, favorable à vous éloigner, soufflait dans les voiles du brick *le Loiret* et vous poussait rapidement dans la direction de votre pélerinage ? Alors votre âme, préparée à l'absence, aux fatigues et aux périls, se retourna tout émue vers cette terre natale « dont l'horizon, » disiez-vous, se rembrunissait à votre départ, » et sur laquelle grondaient des orages plus for- » midables que ceux qui vous attendaient au » milieu des mers. » C'était le 26 mai que vous écriviez, presque en vue de notre sol, ce témoignage d'une inquiète préoccupation. Et pourtant la veille même de ce jour, vous aviez contemplé le spectacle admirable de nos vaisseaux sillonnant, sous la bannière blanche, les flots enfin ouverts à leur ardeur; vous aviez vu des milliers de soldats saluant, d'un adieu déjà triomphal, cette immense population répandue sur tout le rivage, qui confiait à leur courage l'honneur du roi et de la France. Tout cela était bien fait pour ne vous donner en partant d'autre sentiment que l'orgueilleuse joie de pouvoir vous annoncer, aux nations lointaines, fils de cette

France si puissante en ressources, si féconde en guerriers, sujet de ce roi dont les généreuses pensées trouvaient une si noble obéissance. Ainsi, ce me semble, aurais-je quitté le port de Toulon le lendemain de cette belle journée où la flotte expéditionnaire d'Alger leva fièrement ses ancres et déploya ses mille voiles. Mais vous, vieux navigateur sur la mer des révolutions, la beauté du ciel n'éblouissait pas vos regards, le bruit caressant des acclamations ne trompait pas votre oreille, et derrière cette apparence de calme et de sérénité vous aviez aperçu le signe fatal des tempêtes.

Eh! bien, elles nous sont venues plus promptes, plus violentes peut-être que votre expérience même n'avait pu les prévoir. Figurez-vous d'abord, pour avoir au moins quelque chose des surprises par où nous avons passé, Paris, la ville aux émotions rapides, aux affections mobiles, aux joies tumultueuses apprenant, le 9 juillet, par son Moniteur tonnant des Invalides, qu'Alger, l'insolente Alger s'est rendue au roi de France; que le drapeau de la vieille monarchie flotte sur ces murs vainement foudroyés par Duquesne ; toute la population sortant de ses maisons pour lire la dépêche télégraphique ; la grande nouvelle proclamée dans nos théâtres ; la longue et claire soirée de cette saison prolongée encore par une illumination brillante ; la cité entière s'endormant tard sur sa gloire, demandant le lendemain à ses journaux ce qu'ils en pensent, et, le jour suivant, se pressant innombrable et joyeuse sur le passage de son roi, lorsqu'il va remercier le Dieu qui donne les victoires. Car il ne faut pas que Paris se fasse plus méchant qu'il ne l'est, plus sceptique, plus dédaigneux. Alors Paris était fier et content. Le roi lui-même n'était que l'homme le plus heureux de son peuple. L'impression fut si profonde qu'il nous fallut près de trois jours pour en revenir.

C'est qu'après son *Te Deum* Paris avait ses élections, et le dey d'Alger sa revanche ; les élections, la grande affaire de notre temps, où chacun peut traduire facilement, par les deux ou trois syllabes d'un nom, cette prévention aveugle, irréfléchie, qu'il appelle son opinion politique. Cette fois il ne s'agissait pas de choisir entre des notabilités plus ou moins obscures, faisant assaut de recommandations et de promesses. La liste était toute dressée, les positions prises, le signalement convenu. Une première épreuve du vote parlementaire avait été faite quelques mois auparavant. Il fallait déclarer que ce qu'il avait produit était aussi le dernier mot de la majorité électorale, et pour cela recomposer la Chambre des mêmes élus. Ainsi les noms avaient gagné bien plus que leur valeur personnelle. Ils exprimaient une antipathie prononcée, une résolution opiniâtre, un défi obstiné. Il y en eut certes qui purent s'étonner de signifier tant de choses. Quoi qu'il en soit, l'urne du scrutin parla de tout côté ce langage de provocation et de refus. L'opposition licenciée retrouva son nombre dans le recrutement; je crois même qu'elle eut du retour.

Pendant plusieurs jours l'attitude de l'opposition et du pouvoir fut celle de deux personnes entre lesquelles il existe une cause d'impardonnable offense; l'une s'agitant avec véhémence, se répandant en paroles, s'excitant dans sa haine, s'encourageant à la fois par des menaces et par de fausses alarmes; l'autre calme, silencieux, réservé, ne laissant rien voir de son ressentiment, et gardant sur ses projets une discrétion qui pouvait bien être de l'incertitude. En attendant, moins le gouvernement manifestait sa volonté, plus les commentateurs avaient beau jeu à lui prêter des projets. Les coups-d'état couraient les rues.

Or, le rendez-vous donné pour la rencontre parlementaire demeurait toujours fixé au 3 août. Nous étions au 25 juillet et les choses allaient, hors des journaux, comme si nous eussions vécu à cent ans des révolutions. Déjà treize millions nous arrivaient d'Alger; on souscrivait en France pour les vainqueurs; le commerce tournait déjà ses vues vers la nouvelle conquête; la rente était à 105 50; les juges d'instruction n'avaient pas un seul procès politique dans leurs dossiers, et l'on venait de représenter *Guillaume Tell* à l'Odéon. Le dimanche s'était passé à Paris comme tous les jours fériés de l'été, avec grande affluence de promeneurs dans les jardins publics et gais pèlerinages aux villages des environs. Saint-Cloud, la demeure royale, n'avait compté ni moins de visiteurs dans ses brillans salons, ni moins de groupes joyeux sous ses ombrages populaires. La nuit avait ramené au logis cette foule insouciante, heureuse, prête à recommencer une autre semaine de travail et de profit. Toute la ville dormait.... excepté peut-être sept hommes, ministres du roi, revenus de Saint-Cloud dans leurs hôtels, le cœur chargé d'un lourd secret, prêts à tenter une de ces expériences hasardeuses que la conscience seule ne justifie pas, et qui ont besoin du succès.

Le 26 au matin, le *Moniteur* publia l'œuvre mystérieuse du jour précédent. Je pourrais, si le sujet était moins grave, vous amuser un peu de l'étonnement qu'il causa chez certains personnages toujours fort affairés, grands faiseurs de nouvelles, colporteurs d'avis, courtiers de projets et d'expédiens, qui furent cette fois pris au dépourvu, et apprirent, comme tout le monde, la chose faite avant d'avoir pu l'annoncer. On y lisait d'abord un rapport au roi, espèce d'acte d'accusation dressé contre la presse périodique; puis une ordonnance qui soumettait les journaux à un régime d'autorisation et de surveillance directe ; la Chambre des députés était dissoute, et un nouveau mode d'élection établi pour en composer sur-le-champ une autre. Tous ces actes étaient signés collectivement par les sept ministres qui composaient alors le conseil. Vous savez ce que faisait le huitième.

Une partie de la journée se passa fort tranquillement à commenter le *Moniteur* et les journaux du soir qui s'étaient hâtés de reproduire, avant l'heure accoutumée, la publication officielle. La Bourse d'abord fut plus agitée que la rue, et une baisse de 4 francs ne fut pas un faible encouragement à ceux qui préparaient la résistance. L'ordonnance électorale n'avait en quelque sorte qu'une action négative. Mais l'ordonnance sur les journaux touchait aux intérêts et obligeait les personnes. Ce fut donc là que dut s'organiser l'opposition matérielle. Elle y trouvait des têtes ardentes, échauffées encore par une longue jouissance de l'attaque et de l'impunité. Il fut résolu de protester, de ne pas obéir et d'engager une lutte avec la force. Entraînés par ce mouvement, quelques industriels offrirent de fermer leurs ateliers, et de jeter (je suis fâché de l'avoir entendu), de jeter, dis-je, leurs ouvriers sur le pavé.

Mais tous ces préparatifs restèrent enfermés entre un petit nombre d'intéressés. L'aspect de la ville n'en fut pas changé, si ce n'est que le soir quelques groupes, rassemblés au Palais-Royal dont on leur ferma les grilles, se portèrent en poussant des cris vers l'hôtel du principal ministre et brisèrent les vitres à coups de pierres. Ce n'était rien d'étrange pour un homme qui avait quitté depuis moins d'un an l'ambassade de Londres.

Le lendemain, mardi, tout était calme le matin autour des bureaux où s'imprimaient les feuilles non autorisées. L'impression avait eu lieu sans obstacle, la distribution se fit librement. Et, dans le fait, depuis l'émission des ordonnances, personne n'avait entendu parler de ce pouvoir qui s'était proclamé hors des voies légales. Ce fut seulement après la publicité donnée aux journaux, qui contenaient une protestation énergique signée par 44 écrivains, que l'on voulut s'emparer de leurs presses, en plein jour. Des commissaires de police et des gendarmes furent chargés de cette opération. On leur opposa des paroles et des serrures; dans le bureau d'un journal, la discussion dura sept heures.

Cependant, à mesure que la journée s'avançait, le mouvement de la population prenait un caractère plus sinistre. La peur, comme c'est l'ordinaire, prenait ses avances sur le danger et aidait à le grossir. Dans le Palais-Royal et aux environs, les boutiques se fermaient. Les groupes s'entassaient de ce côté où l'on venait de placer une poignée de soldats. A trois heures, la circulation des voitures était interrompue. Les gendarmes essayaient de dissiper la foule. Des pierres volaient de toute part dirigées contre la troupe. Une riposte terrible était à craindre; vers cinq heures, une décharge d'armes à feu apprit à Paris que la guerre était dans ses murs.

Vous n'attendez pas, mon cher monsieur, que je vous en raconte tous les accidens, les chances et les succès. Ceci est affaire de bulletins, de relations intéressées, de pétitions; et quand il vous prendra fantaisie de ramasser ces documens, vous y verrez moins clair, je vous en préviens que dans les chroniques qui vous racontent les combats des croisés. Ce qui vous importe, c'est de savoir le progrès des événemens sortis de la lutte armée. Vous la voyez commencer le mardi 27 devant le Palais-Royal, vers cinq heures. Le soir elle s'engagea sur plusieurs autres points. La garnison peu nombreuse, et diminuée par le service de Saint-Cloud, était sortie de ses casernes et parcourait la ville. Partout elle se fit chemin à travers les attroupemens qu'elle dissipait, non sans échange de coups et de blessures. A minuit elle était rentrée, et le général qui venait d'en prendre le commandement écrivait que la tranquillité était rétablie.

Mais tandis que Paris semblait et croyait dormir, Paris veillait; tant il y a de forces différentes dans l'action d'une grande ville. L'aurore du lendemain, mercredi, vint révéler ce qu'avait fait la nuit. Vous eussiez cru que son ombre vous avait dérobé quelque grande victoire obtenue par l'insurrection, en voyant comme elle se montrait menaçante et maîtresse. Des armes brillaient parmi les groupes; car plusieurs magasins avaient été pillés. Partout la voix de la révolte commandait et trouvait obéissance. Des enfans, agens zélés de tout ce qui est destruction, couraient les rues en brisant les enseignes, les armoiries, les lanternes, les écussons qui avaient quelque signe de protection royale. Soit prévoyance, soit instinct, leur colère s'en prenait aussi aux réverbères qui tombèrent tous en éclats dans le ruisseau, de sorte que, le soir, la ville n'aurait rien eu pour s'éclairer si la lune, qui n'était pas du complot, ne s'était avisée d'entrer la veille dans son premier quartier. En même temps, des barricades se formaient, surtout autour de l'Hôtel-de-Ville, qu'une direction habile avait désigné comme le centre des mouvemens. A midi, la révolution était plus que faite; elle était proclamée.

C'est seulement à cette heure que les troupes se présentèrent pour lui disputer sa conquête. Déjà leur chef avait écrit au roi : « Qu'il était urgent » de prendre des mesures de pacification ; que, » plus tard, il ne serait plus possible de sauver » l'honneur de la couronne. » Les troupes n'en furent pas moins et braves et fidèles. Elles attaquèrent avec courage ; elles trouvèrent du courage dans la défense: c'est une habitude de notre pays. Jetés au milieu d'une population irritée, perdus dans les détours étroits de ces rues dont les maisons même leur étaient hostiles et meurtrières, séparés des leurs, privés de secours et de subsistances, voyant sans cesse renaître et se multiplier les adversaires et les obstacles, émus sans doute par mille sentimens contraires de compassion, de devoir, d'affection, d'orgueil, de douleur et de colère, les soldats firent tout ce qui n'était pas impossible.

Le combat dura toute la journée. Le canon, cette puissance dont on avait pu espérer un si grand effroi, retentit désormais sans effet aux oreilles des Parisiens, comme un bruit qui leur était devenu familier. De quartier en quartier se répandaient des nouvelles fausses ou exagérées qui excitaient l'ardeur des insurgés et déterminaient les plus prudens. C'était tantôt la jonction d'un régiment de ligne avec le peuple, l'arrivée de vingt mille Rouennais armés, tantôt la mort du commandant en chef des troupes royales; et, au milieu de tout ce désordre, le gouvernement ne parlait que par ses soldats. Seulement on avait appris que Paris, déjà par le fait en état de guerre, avait été déclaré en état de siége. D'un autre côté, le tribunal de commerce venait de juger, au bruit de la fusillade, que les ordonnances du 25 ne pouvaient obliger les citoyens à l'obéissance, pas plus qu'elles ne devaient nuire aux droits sacrés et à l'inviolabilité du roi. Quelques députés présens à Paris avaient signé une protestation dans laquelle ils déclaraient ne pas se tenir pour dissous, mais seulement empêchés de remplir leurs fonctions par la violence matérielle. Ce qui était beaucoup plus efficace, était la réapparition spontanée de l'uniforme que les bourgeois avaient quitté en 1827, et qui se mêlait çà et là parmi les combattans.

Le feu continua encore durant la nuit, sauf quelques intervalles de trève et de silence. Le jeudi matin, on sut que les troupes s'étaient retirées de l'Hôtel-de-Ville et de tous les points éloignés, pour se concentrer autour des Tuileries. A dix heures, la ligne était rassemblée tout entière sur la place Vendôme, ayant ses faisceaux formés; ses chefs annonçaient la paix. Pendant que cette force était inactive, la garde royale défendait inutilement au prix de son sang le Louvre et les Tuileries. Il y eut là d'horribles scènes de carnage. A deux heures, tout était fini, la garde royale et la gendarmerie faisaient leur retraite sur Saint-Cloud, et les troupes de ligne rentraient dans leurs casernes. Il n'y avait plus de combat. Les hommes d'état allaient agir; l'Hôtel-de-Ville en était encombré.

Et, cependant, c'était une chose singulière, inouie peut-être dans l'histoire des révolutions, que de voir tout ce peuple vainqueur, étourdi lui-même de la promptitude avec laquelle on pouvait se débarrasser d'un gouvernement, s'arrêter tout à coup dans son triomphe, ne sachant plus que faire de sa vengeance ni où placer son affection. On lui avait montré des troupes à combattre; il les avait chassées. Personne n'avait pu lui dire jusqu'où l'on devait aller, parce que personne n'était assuré de ce qu'il voulait, de ce qu'il pouvait oser. Le fait le plus clair, le plus intelligible pour la multitude, c'était le drapeau tricolore, retrouvé dans les barricades, et replacé sur les monumens publics, flottant au faîte de la Colonne. C'était là tout ce qu'il lui fallait, sa part de la victoire. Quant à l'interprétation de ce signe par un état politique ou par des noms d'hommes, il attendait assez patiemment qu'on la lui fournît. La popularité comme le pouvoir étaient à qui voudrait les prendre. Il y eut des gens qui s'en donnèrent pendant vingt-quatre heures, des gouvernemens provisoires qui allèrent jusqu'à figurer sur une affiche, des généraux qui ramassèrent quelques vivats dans leur promenade. Jamais Paris n'eut moins de discorde que dans la soirée du jeudi. Il était sans chefs; partant sans opposition.

Le premier avis qui vint au peuple du gouvernement qu'il avait fait, fut un acte de souveraineté exercé par un homme. Mais cet acte constatait seulement une volonté générale déjà exécutée; il trouvait trop d'assentiment pour qu'on en discutât la forme. C'était le rétablissement de la garde nationale ordonné par M. de Lafayette; il portait la date du 29 juillet. En même temps on apprit qu'une commission municipale s'était formée à l'Hôtel-de-Ville. Elle faisait au peuple des proclamations laudatives, elle nommait des ministres, des généraux, des préfets; elle gouvernait, en un mot, avec tout le respect dû au vœu national qu'exprimait autour d'elle par ses clameurs une cohue de conseillers. D'un autre côté, les députés présens à Paris s'installaient dans leur local et composaient une sorte de représentation au petit pied, pendant que les pairs, moins sûrs de leur existence, se rassemblaient en petit nombre et sans éclat. Les députés avaient pour eux la faveur d'une espèce de persécution; ils avaient signé la protestation dont je vous ai parlé, et le bruit avait couru que leur liberté, leur vie, étaient menacées. Dès leur première réunion, ils parurent regarder avec un œil jaloux l'autorité que s'était arrogée la commission municipale. Ils voulurent donc donner une autre tête à ce gouvernement naissant, et quatre-vingt-neuf membres de la chambre élective invitèrent le duc d'Orléans à venir prendre la lieutenance-générale du royaume. Pour lui préparer un meilleur accueil, on fit répandre une note officieuse dans laquelle il était dit que le roi Charles X avait voulu faire arrêter son cousin. Le prince arriva aussitôt de Neuilly. A compter de ce moment, il y eut scission parmi les vainqueurs ; les mécontens et les mal-partagés eurent une bannière, qui s'appela république.

Il ne suffisait pas que le prince eût reçu une invitation des députés ; il fallait encore qu'il fît sanctionner sa prise de possession par cette puissance mystérieuse de l'Hôtel-de-Ville, dont tantôt le commandant en chef de la garde nationale, tantôt la commission municipale, était l'organe auprès des masses. Le duc d'Orléans alla donc, le 31 juillet, à l'Hôtel-de-Ville. Il y entendit un discours des députés, il y reçut l'embrassement de M. de Lafayette, il écouta, il parla, il promit. Dès-lors M. le duc d'Orléans fut reconnu lieutenant-général du royaume. Le lendemain, 1er août, il signait des ordonnances, il convoquait les Chambres, il confirmait les ministres provisoires ; le gouvernement avait repris la forme monarchique.

Il me semble vous voir déjà vous impatienter de ce que je vous conduis si avant dans le récit des événemens sans vous parler du monarque dont on brisait le trône, et vous me dites sans doute avec reproche qu'il n'est pas permis d'abandonner ainsi les rois malheureux. Ce n'est pas avec vous, mon cher monsieur, qu'on se laisserait tenter de cette faiblesse. Mais j'avais besoin de vous montrer un peu rassis ce Paris que vous aviez vu soulevé. Maintenant qu'il est heureux, joyeux, illuminé, qu'il sait à qui adresser ses acclamations, qu'il s'arme en garde national et veille tout entier à sa sûreté, nous pouvons le quitter un instant.

Pendant les tristes journées, Charles X était resté à Saint-Cloud. Vous savez trop ce que l'habitude des cours met de distance entre les événemens les plus voisins et le regard des rois, pour ne pas comprendre qu'il put jusqu'à la fin ignorer le véritable état des choses. Cet état d'ailleurs marcha si vite, les progrès en furent si rapides que bien des gens, placés plus près encore, intéressés de toute leur espérance au succès de l'insurrection, ne s'aperçurent guères du chemin qu'elle avait fait que tout juste pour se trouver avec elle au moment de sa victoire. D'heure en heure les exigences allaient croissant; d'un quartier à l'autre la volonté nationale avait une expression différente. On acceptait l'armistice sur la place Vendôme, pendant qu'on égorgeait au Louvre. On criait encore *vive la Charte!* à vingt pas du lieu où l'on vociférait *plus de Bourbons!* On peut dire avec vérité que, vainqueurs et vaincus, tous furent surpris, les uns de ce qu'ils avaient gagné, les autres de ce qu'ils perdaient.

Le jeudi matin les ministres du roi, arrivés des Tuileries, lui apportèrent leur démission. Les ordonnances fatales furent aussitôt révoquées. Un ministère nouveau fut choisi : on y comptait deux hommes qui, en ce moment même, prenaient place à l'Hôtel-de-Ville. Paris le sut à peine; il était emporté bien au-delà d'une telle concession, et trop enivré pour y revenir. Le lendemain le chef de ce ministère clandestin essaya de faire entendre à l'Hôtel-de-Ville des paroles conciliatrices : sa voix fut étouffée, on lui répondit qu'il était trop tard.

Dans la nuit du vendredi au samedi, le roi quitta Saint-Cloud, emmenant avec lui une partie de ses troupes fidèles, et se dirigea sur Rambouillet. Là il semble que les forces de sa vieillesse se refusèrent à un plus long espoir, et il ne songea plus qu'à conserver la dignité du malheur. Le 1ᵉʳ août, il nomma aussi le duc d'Orléans lieutenant-général du royaume, et peut-être faut-il remarquer qu'aucun acte de gouvernement, signé par ce prince, n'est antérieur à cette résolution, encore bien que, dès la veille, ce titre lui eût été reconnu à l'Hôtel-de-Ville. Le 2, le roi Charles X et son fils abdiquèrent l'un après l'autre leurs droits à la couronne de France pour faire place à celui d'un enfant, pur de toute intervention dans la lutte qui venait de se terminer. Le même jour, des commissaires envoyés par le gouvernement se rendirent à Rambouillet.

Nous étions au 3 août, au jour où les Chambres allaient s'assembler. Un assez grand nombre de pairs et de députés s'étaient rassemblés dès le matin au Palais-Bourbon; quelques-uns, vous devez le penser, assez étonnés de se trouver ensemble. Une espèce de cortége avait été improvisé pour le lieutenant-général. Tout à coup une agitation singulière se répand par la ville. Des groupes bizarrement équipés pour la guerre marchent vers la place Louis XVI en proférant des cris de rage. Le tambour bat dans tous les quartiers, et pousse de nouvelles masses au lieu du rendez-vous. Bientôt les Champs-Élysées présentent, au milieu d'un nuage de poussière, le spectacle fantastique de plusieurs milliers d'hommes avec une étrange variété d'armes et de costumes, se ramassant en bandes irrégulières; les plus avisés montant dans l'intérieur et sur l'impériale des voitures dont ils avaient pu s'emparer, d'autres traînant des canons, la plus grande partie portant du pain et de la viande à la pointe de leurs baïonnettes, tous obéissant en sens divers à leurs innombrables chefs, et sachant seulement qu'ils allaient marcher sur Rambouillet. On parlait de menaces faites par Charles X, d'hostilités commises par ses troupes, de violences exercées sur les négociateurs, et chacun de ces braves gens promettait, pour sa part, d'exterminer la garde royale. Il se trouva un général pour prendre le commandement de l'*armée expéditionnaire* qui finit par se mettre en route. Ce mouvement est resté la chose la plus mystérieuse de ce que nous avons vu. Voulait-on éloigner de Paris la portion la plus turbulente des vainqueurs au moment où le lieutenant-général venait prendre séance de roi devant les deux Chambres, au risque de ce que pourrait devenir cette multitude engagée en pleine campagne avec des régimens? Ou bien espérait-on obtenir de Charles X un départ plus prompt, en faisant parler à son cœur la crainte d'un carnage inutile? C'est ce qu'en conscience je ne puis vous dire. Quoi qu'il en soit, le résultat fut plus heureux que le conseil n'avait été sage. L'armée populaire arrivant dans la nuit à Rambouillet n'y trouva plus ni roi, ni troupes. Elle revint le lendemain harassée, hideuse de sueur, de poussière et de fatigue. Un ordre du jour fit compliment à son courage de la fuite précipitée du roi, pendant qu'une lettre des commissaires, destinée à des lecteurs plus polis, annonçait simplement que Charles X se déterminait à partir. Le 3 août en effet, à onze heures du soir, le roi se mit en chemin pour Cherbourg avec une escorte de ses gardes, accompagné des trois commissaires. Il sembla dès-lors que tout le monde fût soulagé, les uns d'une inquiétude, les autres d'une haine, d'autres peut-être d'un remords.

Cependant le lieutenant-général du royaume venait d'ouvrir la session, et les Chambres avaient hâte de sanctionner la destruction, de constituer, d'organiser, de gouverner, car tout cela leur était laissé. Le prince alors avait la plus belle part ; il donnait les places, et Dieu sait comme on se jetait sur ce butin qui malheureusement devait s'épuiser. La Chambre des pairs, à laquelle on songeait peu, se trouvait toute prête ; celle des députés commença par se déclarer en permanence pour la vérification des pouvoirs ; en moins de deux séances tout fut terminé, et vous pensez bien que la précipitation eut ses hasards. Le 5 août, la liste des candidats à la présidence était dressée et un membre avait proposé l'accusation des anciens ministres. Cela fait, on se mit à l'ouvrage pressé qui était tout uniment de rebâtir le gouvernement du pays. Un député proposa des corrections à la Charte de 1814, et, pour supplément l'élection d'un roi ; une commission fut nommée à l'effet de débrouiller cette besogne. Pendant que les députés faisaient une constitution, il s'en faisait dix autres au dehors ; il pleuvait des lois fondamentales. Les Lycurgues des couloirs assiégeaient les Solons de l'enceinte ; autre motif pour se dépêcher. Le soir du 6 août, un incident s'éleva sur la question de savoir si l'acte d'abdication de Charles X et de son fils serait consigné dans les archives de la Chambre; cette question, devenue importante par l'opposition qu'elle souleva, fut résolue affirmativement. Ensuite on entendit le rapport sur l'œuvre proposée le matin, et ce ne fut pas sans peine qu'on se résolut à prendre une nuit pour la méditer.

Le lendemain, 7 août, on se mit à la Charte de bonne heure, plus tôt qu'on ne l'avait annoncé, pour dépister les législateurs auxiliaires, et l'on n'alla dîner qu'après avoir déclaré le trône vacant, fondé une nouvelle royauté, retranché de l'état la religion, proscrit à jamais la censure, réduit le pouvoir royal à la stricte exécution des lois, supprimé d'un seul trait 93 pairs, menacé d'une révision l'institution même de la pairie, changé les conditions d'éligibilité, donné aux deux Chambres l'initiative des propositions, maintenu la magistrature, et promis une douzaine de lois organiques. Quand tout cela fut voté, avant cinq heures, par deux cent cinquante-deux membres présens, la Chambre tout entière s'achemina, quatre par quatre et à pied, vers le Palais-Royal. Il paraît qu'il avait été préparé pour la Chambre des pairs une copie de ce travail. Le soir même, elle délibéra en deux heures sur cet acte dont elle approuva toutes les dispositions à la majorité de quatre-vingt-neuf votes sur cent quatorze; mais la voix de M. de Châteaubriand eut le temps de se faire entendre.

Hier enfin, 9 août, le duc d'Orléans s'est rendu au milieu des députés et des pairs dont il s'est fait lire la déclaration et l'adhésion ; puis il a déclaré en accepter sans restriction les clauses et le titre de roi des Français qu'elles lui confèrent. Il a juré d'observer ces conditions, et s'est assis sur un trône. Louis-Philippe premier règne depuis hier. Aujourd'hui la Chambre des pairs lui prête serment de fidélité, demain ce sera le tour de la Chambre des députés qui a eu l'inadvertance d'oublier cette formalité sur son ordre du jour. Je reçois en ce moment un exemplaire de la nouvelle constitution : je vous l'envoie sous ce pli; ne le perdez pas.

Adieu, mon cher monsieur; je vous ai raconté

trop de choses et ces choses parlent trop haut pour que je veuille y joindre des réflexions. Sur le passé, ce serait inutile; sur l'avenir, ce serait une affectation d'originalité; car je vous assure qu'ici bien peu de gens y songent. Toute la ville est dans l'enchantement de son roi élu, de son roi garde national, père de famille et homme de ménage, de son roi-citoyen enfin : c'est le mot qu'on a trouvé. Paris n'avait pas eu un pareil enthousiasme depuis l'avénement de Charles X.

A. B.

P. S. En relisant ma lettre, je m'aperçois que je ne vous ai pas dit un seul mot de ce qui s'est passé dans les provinces. Voilà bien d'un Parisien ! Maintenant que j'y songe, je trouve que cet oubli était encore de la vérité historique; le fait est que, notre révolution achevée, nous l'avons expédiée dans les départemens par la diligence; ils n'ont eu besoin que de nous en accuser réception.

LE BOURGEOIS

DE PARIS.

CHAPITRE II.

Au milieu de cette population immense qui fourmille dans nos rues, qui se heurte sur nos trottoirs, qui s'entasse dans les cellules habilement distribuées de nos maisons nouvelles, il devient difficile de retrouver la race primitive, de reconnaître les traits de la famille indigène. Si la centralisation, dont on se plaint si fort en politique, quand on n'en a pas les profits, a pu être utile aux intérêts matériels de Paris considéré comme l'hôtellerie de toutes les ambitions et l'entrepôt de toutes les faveurs, qui pourrait dire que le caractère moral du Parisien n'en a pas souffert? Où est-il, je vous prie, l'habitant classique et traditionnel de la grande cité, perdu dans cette cohue d'existences parasites que le besoin de croître et de prospérer a transplantées parmi nous? Tandis qu'il végète inconnu, sa réputation reste chargée de tous les ridicules que lui envoient les quatre-vingt-trois départemens. L'étranger, qui en fournit bien aussi sa part, pourra-t-il distinguer, dans ce mélange confus des mœurs, ce qui appartient au bourgeois de Paris, type précieux qui risque de s'effacer comme la monnaie de la vieille monarchie? Tirons-le donc promptement de la foule, rendons-lui ses formes et ses contours, rétablissons cette empreinte originale et naïve que le temps a modifiée sans la détruire. Pour cela, nous ne devons ni chercher trop haut, ni fouiller trop bas. Aux deux extrémités de la fortune, de la civilisation et de la politesse, il se fait une fusion mystérieuse, ici de manières élégantes, de goûts délicats, de prétentions aristocratiques, là d'habitudes grossières, d'entraînemens stupides, de passions rudes et sauvages, où l'on ne peut suivre la trace des origines diverses. Plaçons-nous au milieu ; là est le bourgeois de Paris, tendant la main à ceux qui sont au dessous ; s'il s'élève, il dégénère.

Le bourgeois de Paris a passé la quarantaine. Avant cet âge, la tutelle des parens sous les yeux desquels on vit, la modicité du revenu, le long servage de l'éducation, de l'apprentissage, du noviciat en tout genre, puis les soins continus et les appréhensions journalières d'un établissement encore incertain, ne permettent pas cet aplomb, cette confiance en soi-même, cette liberté de mouvemens, dont on a besoin pour prendre rang parmi les hommes de la cité. D'ailleurs, il faut absolument que le bourgeois de Paris raconte. C'est une condition de son existence, une nécessité, et fort heureusement un plaisir. Il doit à sa famille, à ses amis, à sa clientelle, le récit de ce qui s'est passé, depuis trente ans au moins, non-seulement dans son quartier, mais dans l'intérieur de ces murailles qui forment son monde, au-delà desquelles il ne voit que des pays alliés, des voisins avec qui l'on fait le commerce. S'il n'a rien à dire sur la prise de la Bastille, sur les journées de fructidor, de thermidor et de vendémiaire, il n'a pas de considération, pas d'autorité. Et comme, dans cette agitation des affaires qui partage tout son temps avec le sommeil, le bourgeois de Paris ne lit guère, il faut bien qu'il ait vécu, que sa tête se soit meublée de faits par les émotions de chaque jour, qu'il ait fait provision d'événemens en dépensant ses années. Conclusion : le bourgeois de Paris n'a pas moins de cinquante ans. Celui qui peut dire les fêtes données en 1770 pour le mariage du dauphin, et les accidens cruels qui ont fait présager si infailliblement les malheurs de Louis XVI, celui-là est un bourgeois émérite, un notable, une supériorité sociale à trois maisons de distance.

Le bourgeois de Paris est d'une taille médiocre, avec un embonpoint prononcé; sa figure est habituellement riante, et vise tant soit peu à la dignité; il a des favoris qui font légèrement le crochet à la hauteur de la bouche; il est bien rasé, propre dans sa mise; ses habits sont larges, étoffés, sans aucune affectation des formes que la mode emprunte au caprice. Des peintres ignorans l'affublent toujours d'un parapluie; c'est un des plus grossiers préjugés que la malveillance et l'esprit de parti aient jamais répandus. Le parapluie appartient aux rentiers, aux employés, c'est-à-dire, aux invalides et aux eunuques de la société industrielle. Le bourgeois de Paris a une canne, pour se donner un maintien, pour chasser les chiens et menacer les polissons. Mais il ne craint pas le mauvais temps : s'il vient à pleuvoir, il prend un fiacre, et il l'annonce d'un air satisfait. Il faut avoir entendu un bourgeois de Paris dire, en partant : « S'il pleut, je prendrai un fiacre, » pour savoir tout ce que le progrès des jouissances publiques peut mettre de contentement et de sécurité dans le cœur d'un homme qui a le moyen de se les donner.

Le bourgeois de Paris est marié, quoi qu'on en ait dit, marié comme l'étaient ses père et mère, ainsi qu'il appert de son extrait de baptême inscrit à la paroisse Saint-Eustache. A Paris plus qu'ailleurs sans doute, et aujourd'hui plus que jamais, il existe une nuée de célibataires par goût, par raison, par tempérament, par calcul, par système, espèce de Bédouins qui font la guerre aux ménages, qui se nourrissent de rapine, qui vivent dans le bruit et meurent dans l'isolement. Mais ceux-là se retranchent eux-mêmes de la notabilité civile. Dans leur jeunesse, ils peuvent fournir d'agréables danseurs, des joueurs hasardeux, des colporteurs amusans de lazzis et de nouvelles, jusqu'à ce qu'ils aient obtenu l'honneur d'une jalousie. Vieux, il ne sont plus que des complaisans pour qui l'on ne fait aucuns frais d'égards, et leur chance la plus heureuse est de s'asseoir de temps en temps au repas d'un ancien ami, entre les deux enfans, pour éviter le nombre fâcheux de treize à table.

J'ai dit les deux enfans ; car le bourgeois de Paris a des enfans. Il en a deux, pas plus : fille et garçon, c'était ce qu'il voulait, et « il s'est arrêté là. » C'est une phrase qu'il répète souvent, et à laquelle sa femme a fini par s'habituer. Or, c'est ici qu'il faut parler de sa compagne. Elle n'a jamais été belle; ses traits manquent d'ensemble et de régularité; mais on s'est accordé à la trouver jolie. On raconte encore l'effet qu'elle produisit sur la foule des curieux le jour où elle descendit d'un remise devant la petite porte de l'église Saint-Roch. Elle était alors plus mince, mais non pas plus fraîche ; lui, il était jeune, alerte, svelte et frisé. Ce fut un beau mariage. La croix d'or, les fauteuils de velours cramoisi, achetés par la fabrique dans le mobilier de quelque prince déchu ! Il y eut aussi une noce brillante chez Grignon, où l'on entrait alors par une grande cour. Il se passe peu de dimanches sans que le mari ne ramène dans la conversation quelque réminiscence de cette heureuse journée, et toujours avec un redoublement de tendresse pour celle qu'il se félicite à chaque moment d'avoir unie à son sort. Car le bourgeois de Paris respecte sa femme, tout naturellement, par instinct. L'étude la plus savante ne lui aurait appris rien de mieux.

De méchantes langues prétendent qu'elle a été coquette, et que, l'âge plus mûr survenant, elle a pris ses précautions pour ne pas arriver à la vieillesse sans un doux souvenir. Et qu'importe au bourgeois de Paris ? si la chose est vraie, il n'en a rien su, sa vie n'a pas été troublée, rien n'a été dérangé dans son ménage, dans ses habitudes, et il n'a pas cessé un instant de répéter les vieux quolibets du théâtre sur les maris trompés. Sa femme est au logis quand il rentre. S'il est obligé de l'attendre, il la voit revenir chargée de quelques emplètes, où il se trouve presque toujours quelque chose pour lui. Elle lui verse de la tisane quand il est enrhumé, et elle se tait quand il parle. De plus, la femme du bourgeois n'est pas seulement la mère de ses enfans, c'est aussi son conseil dans les affaires d'intérêt, son associé, son teneur de livres. Il ne fait rien sans son avis; elle sait le nom de ses correspondans, de ses débiteurs. Lorsqu'il est d'humeur gaillarde, il l'appelle son ministre de l'intérieur; et, s'il est incertain sur l'orthographe d'un mot, il l'interroge; car elle est savante, elle a été élevée dans un pensionnat.

Parlons de ses enfans. Je ne sais pas bien le nom de sa fille; il y en a de si jolis dans le catalogue des romans. Elle sort de pension, elle a un piano, elle dessine, elle a appris tout ce qu'il lui faudra oublier quand elle entrera en ménage pour continuer la vie obscure et simple de sa mère. Son fils s'appelle Emile; c'est un hommage rendu à la mémoire de J. J. Rousseau. Il est peu de familles dans Paris où l'on ne trouve un Emile, qui a été mis en nourrice, promené par une bonne, confié, lui deux cent vingtième, à l'éducation du collége. Emile a eu le bon lot; on s'est occupé de lui, il a le travail facile, l'intelligence éveillée. C'est sur lui que l'on compte pour augmenter le relevé annuel des succès obtenus au concours. Aussi le jeune homme est-il choyé, caressé par ses maîtres; de tout cela, il revient au bourgeois de Paris une nouvelle dose de bonheur : il se voit renaître avec joie dans l'héritier de son nom. Il le laisse causer, il admire son petit babillage de pédanterie, il s'enorgueillit de ne pas le comprendre. Il ne se souvient de son autorité que lorsque l'écolier téméraire se jette sur le terrain de la politique; car le drôle tourne au républicain. Il lit en cachette les journaux du mouvement, comme nous, enfans de l'empire, nous lisions les romans de Pigault-Lebrun. C'est d'ailleurs le beau moment pour l'érudition paternelle, pour l'historique de la Terreur. L'orage passé, on s'occupe de son avenir. Puisqu'il montre de l'esprit, il faudra le faire commissaire-priseur. Si cela va jusqu'au talent, il sera avoué, car chaque génération de la bourgeoisie veut monter d'un degré; c'est pour cela qu'il y a encombrement au haut de l'échelle.

J'ai touché à l'opinion politique du bourgeois de Paris. Nous voici au développement le plus important de son caractère. D'abord il aime l'ordre, il veut de l'ordre, il dérangerait tout pour avoir de l'ordre. Et l'ordre, pour lui, c'est la circulation régulière et facile des voitures ou des piétons dans les rues; ce sont les boutiques étalant au dehors leurs richesses, et répandant le soir sur le pavé la lueur du gaz qui les éclaire. Donnez-lui cela; qu'il ne soit pas arrêté dans son chemin par d'autres groupes que ceux qui entourent les chanteurs, ou qui contemplent les dernières tortures d'un chien écrasé; que son oreille ne soit pas frappée par des cris inaccoutumés par ces clameurs épaisses que jette la foule en se ruant; qu'il ne craigne pas de voir tomber à ses pieds un réverbère; qu'il n'entende pas le fracas des vitres brisées, le bruit sinistre des volets qui se ferment, le rappel à l'heure indue, le pas des chevaux qui se précipitent; il est content, il a tout ce qu'il lui faut. Laissez-lui cette tranquillité matérielle; et maintenant, vous tous qui vous êtes attribué l'entreprise de l'esprit public, vous qui voulez l'attirer dans votre cause, vous qui avez besoin de son vote aux comices, de sa signature pour une pétition, de sa voix pour un jugement, allez sans crainte. Raisonnez, attaquez, diffamez, déchirez; travaillez hardiment à démolir les principes, à ruiner les réputations; il vous verra passer sans colère. Si votre phrase est bien tournée, il s'en fera honneur; car il veut être écouté. Si votre épigramme est piquante, il en divertira ses hôtes; car il a le mot pour rire. Si vous lui fournissez une nouvelle, il pariera sur votre parole; car il croit à l'imprimé. N'ayez pas peur qu'il reconnaisse le désordre en habit noir, parlant de haut, tournant une période, affectant l'air penseur; il le prendrait plutôt pour un adjoint de maire. Le désordre qu'il connaît, qu'il redoute, pour lequel il descend dans la rue avec son fusil et son sac, a les bras nus, la voix rauque, enfonce les boutiques, et jette des pierres à la garde municipale.

Et puis le bourgeois de Paris tient à la liberté : c'est son bien, sa conquête, sa foi. Les trois syllabes qui composent ce mot amènent le sourire sur ses lèvres, et font relever plus fièrement sa tête. Si vous lui dites qu'un homme ne croit pas à la liberté, il vous répondra sans hésiter qu'il faut le mettre en prison. Pour conserver ce bien précieux, il se soumettra lui-même à toutes les entraves, à toutes les privations, à tous les sacrifices. Persuadez-lui que sa liberté est menacée, et sur-le-champ il abandonnera son bien-être, sa vie douce et occupée, ses affaires, sa famille; il subira les plus rudes corvées, la captivité du corps-de-garde, la tyrannie de la consigne : il demandera le premier qu'on ferme les barrières, qu'on fouille les maisons, qu'on s'empare des gens suspects. Il sait que la liberté ne se défend pas toute seule, qu'il lui faut le secours de la police, l'activité d'un juge d'instruction, des lois exceptionnelles qui frappent vite, fort et loin. Pour elle il se fait gendarme, sergent de ville, tout, hors dénonciateur. Car notez bien ceci; il a horreur de l'espionnage. Dans son dévouement le plus aveugle, le plus emporté, il lâcherait un jésuite pour courir après un mouchard.

A travers toutes ces révolutions qui ont changé tant de fois le nom de sa rue, l'écharpe de son officier municipal, les couleurs du drapeau flottant sur le dôme de l'horloge où il va prendre l'heure, la cocarde du facteur et les armoiries du marchand de tabac, il lui est resté cependant du respect pour l'autorité. Seulement son embarras est grand lorsqu'un beau matin, son journal se prononce contre le gouvernement; son journal qu'il estime, qui le compte parmi ses plus anciens abonnés, à qui il adresse le montant de sa souscription patriotique, dont le porteur le connaît et le salue par son nom. En voilà pour toute une journée d'incertitude et de malaise. Cependant il comprend que l'autorité a pu être trompée; l'article du journal l'éclairera sans doute, et il s'endort, sur la foi de cette espérance, réconcilié avec les ministres et avec le préfet de police qui sera destitué le lendemain.

Le bourgeois de Paris est électeur; *il l'était avant la dernière loi*; cette parenthèse est de lui. Lorsque le collége de son arrondissement est convoqué, il semble avoir grandi d'une coudée. Il y a de la dignité, mais de la défiance dans son regard. Tout ce qui l'approche lui paraît en vouloir à son vote. Mais il a élevé un

rempart impénétrable autour de sa conscience. Là viennent se briser toutes les recommandations de l'amitié, toutes les séductions de la brigue. Il lit avec attention la profession de foi des candidats. Il prend note de leurs sentimens, de leurs promesses, pour les comparer et faire son choix; puis il range ces notes étiquetées et numérotées dans un carton. Quand le jour de l'élection s'avance, il s'enferme dans son cabinet, sans sa femme cette fois. Il tire tous ces papiers religieusement l'un après l'autre, et il lit: « N° 1,
» M. Pierre : Indépendance de position, fortune
» honorablement acquise, zèle ardent pour les
» libertés publiques, amour de l'ordre, engage-
» ment de n'accepter aucune fonction salariée. »
— « N° 2. M. Paul : Fortune honorablement ac-
» quise, indépendance de position, engagement
» de n'accepter aucune fonction salariée, amour
» de l'ordre, zèle ardent pour les libertés publi-
» ques. » Et ainsi de suite, jusqu'au numéro 13 qui est le dernier, sans autre changement que la position des mots intervertie, comme dans la déclaration d'amour de M. Jourdain. Il se rend à la réunion préparatoire, et en revient plus indécis encore; car toutes ces probités politiques, dont

chacune se présentait à lui si compacte, si pleine, si entière, ont été terriblement disloquées. Enfin, le jour arrivé, il rentre chez lui satisfait, il a soutenu jusqu'au bout sa résolution, il a voté selon sa conscience; il a fourni au scrutin une voix perdue.

Le bourgeois de Paris est juré; c'est encore là un acte de sa religion politique. Il s'y prépare en lisant pendant quinze jours la *Gazette des Tribunaux*. Le voilà sur son banc en face de l'accusé. Le premier jour, il se défie du ministère public et du président; il s'appuie sur ses deux coudes pour ne rien perdre des paroles de l'avocat; il se prend de compassion pour les voleurs; il acquitte d'emblée tous ces malheureux jetés dans le crime par le besoin. Le lendemain il est moins tendre, moins facile à toucher. Le dernier jour, il est devenu juge, juge plus rigoureux que ceux qui en font leur état, et qui sont blasés sur le crime comme sur la peine. En revenant chez lui, il achète un verrou de sûreté et renvoie sa servante. Pour les délits politiques, c'est tout autre chose. D'abord il voit la société ébranlée par une fougue d'écrivain, par une témérité d'artiste; ensuite il s'y habitue, puis il s'en amuse; et, à la fin de la session, il emporte sous son bras la caricature incriminée pour la pendre dans sa salle à manger, à côté du théâtre de la guerre.

Le bourgeois de Paris est garde national. Il est tout entier sous l'habit du soldat citoyen, avec un bonnet à poil. Il lui faut pourtant un grade. Il n'aspire pas à celui de capitaine; ceci revient de droit au notaire du voisinage; car il y a encore, dans certains quartiers, de la superstition pour les notaires. Encore moins vise-t-il aux emplois supérieurs. Ils appartiennent de toute justice à ceux que la loi dispense du service, aux magistrats, aux députés. Lui, il est tout simplement sergent-major. C'est un juste milieu entre le commandement et l'obéissance. Le sergent-major couche toujours dans son lit : voilà un grand point. Et puis il y a plaisir à connaître tous ses voisins, à recevoir leurs réclamations, à leur accorder des faveurs, à savoir leurs excuses, à dénicher les réfractaires. Ne vous moquez pas du sergent-major; c'est un personnage d'importance; c'est le marguillier d'aujourd'hui.

Rendu à la vie privée, le bourgeois de Paris s'occupe de ses affaires avec activité, avec intelligence. Il n'y porte de finesse que tout juste ce qu'il faut pour ne pas paraître un sot, pour montrer qu'il en sait autant que ceux de Bordeaux ou de Rouen. Du reste honnête homme, exact, d'une probité sévère. Il a du temps aussi pour les plaisirs, et il jouit avec bonheur, mais sans ivresse, de tout ce que l'étranger vient chercher dans cette ville. Les fêtes publiques surtout ont pour lui un merveilleux attrait. Il n'est pas d'occupation pressée, de tracasserie domestique, qui tienne contre l'invitation puissante d'une revue, d'une course, d'une solennité funèbre, d'un feu d'artifice; les processions mêmes avaient du bon. Le bruit, la poussière, le soleil, la cohue, les bourrades des soldats, les fluctuations de la foule qui avance et qui recule, tout cela est joie, sujet d'entretien, source de souvenirs pour le bourgeois de Paris. Et puis, comme il aime à placer un nom historique sur toutes les figures qui passent à cheval avec des épaulettes et un cordon! Au dernier cortége j'ai bien vu défiler cinquante fois devant mes yeux le général Lafayette, qui n'avait pas quitté son fauteuil. Parmi la multitude qui regarde les acteurs de ces solennités, les grandes renommées se tirent à plusieurs exemplaires pour que chacun les ait vues, les ait montrées à ses enfans, qui en parleront un jour à leur postérité.

Le bourgeois de Paris aime aussi les arts ; il se fait peindre, il est au salon. Avez-vous vu, à l'exposition de 1831, dans la travée où des toiles toutes neuves, enrichies de bordures gothiques, couvraient les vieilles pages de Rubens, à côté des tigres de Delacroix, le portrait d'un sous-lieutenant de la garde nationale, portant sur sa perruque blonde un schako placé de côté, la figure riante et joviale; un portrait qui semblait se regarder. C'était un bourgeois de Paris. Honneur à l'artiste! toute la pensée du modèle se trouvait là. J'espère bien le revoir à la prochaine exposition, avec un ruban rouge sur la poitrine.

Ne craignez pas que, parmi ses divertissemens, j'oublie les spectacles, quoiqu'ils aient bien perdu de leur prix, depuis qu'on y jette à pleine main des émotions inconnues, bizarres, trop fortes pour son cœur si elles étaient sérieuses, outrageantes pour sa raison si elles sont moqueuses et folles. D'abord, ne le cherchez pas à l'Opéra Italien; il n'y a jamais mis le pied, parce qu'il veut, quand il paie, entendre les paroles. Il va de temps en temps aux Français pour y regretter Damas. Si l'Opéra-Comique n'était pas fermé trop souvent, il en ferait ses délices. Il s'y rend en famille quatre fois par an; c'est presque un habitué. Il se console dans les théâtres où l'on joue le vaudeville. L'intrigue des pièces, dit-il, n'est pas forte, mais du moins on y rit, et il veut rire. Le Gymnase seul l'effarouche un peu. Les personnages y sont trop riches; on dirait que la révolution n'a point passé sur le boulevard Bonne-Nouvelle. Là, il s'arrête; car il ne faut pas lui parler du mélodrame, jadis si noble, si touchant, si populaire, cause de tant de larmes; alors que les tyrans avaient la casaque du chevalier, les bottes jaunes, une grande barbe et une grosse voix; alors qu'on y voyait des princesses enlevées, des seigneurs captifs, des souterrains, des geôliers, des enfans, des délivrances miraculeuses. Maintenant, le mélodrame lui fait mal au cœur avec ses guenilles, sa vérité crue, sa naïveté de bagne. Il le laisse aux petites-maîtresses et aux poissardes, aux gens du faubourg et aux élégans.

Et ce n'est pas là seulement une répugnance de l'esprit; l'immoralité le révolte. Il a des mœurs, et il se vante d'en avoir. Ce serait une raison pour en douter, si cette prétention ne tenait pas à son existence même, si ce n'était pas là un de ses titres, sa mise de fonds dans l'égalité sociale. C'est par là qu'il se compare aux conditions les plus brillantes, et qu'il se trouve une supériorité. Un bourgeois dit: « J'ai des mœurs », avec le même sentiment de préférence pour soi et de mépris pour les autres qui fait dire à un noble : « J'ai de la naissance, » à un banquier : « J'ai des écus, » à un homme d'esprit : « Je n'ai rien. »

A ce propos, allez-vous me demander si le bourgeois de Paris est religieux ? Plaisante question. Il s'est marié à l'église; il a fait baptiser ses enfans. Il trouve même fort convenable que sa femme aille le dimanche à la messe. C'est un bon exemple, et il vous dira, si vous le pressez, qu'il faut de la religion pour le peuple.

Je n'aurais pas fini de long-temps avec le bourgeois de Paris; mais voici mon dernier mot. Si vous cherchez l'expression d'une société ardente, enthousiaste, jeune, passionnée, capable d'un grand effort pour la vertu ou d'une grande audace pour le crime; si vous avez besoin de ces figures hardiment dessinées, de ces traits vigoureux et tranchés qui animent un tableau d'histoire; allez ailleurs, je ne sais où : mais fouillez dans une ville dont Jules-César n'ait pas parlé, qui n'ait pas tant de révolutions à raconter, tant de noms gravés un jour sur ses monumens, et, le jour d'après, effacés; une ville encore où l'homme ne soit pas étouffé par les hommes, usé par un frottement continuel. Que, s'il vous suffit d'un homme doux, bon, honnête, simple, généreux, confiant, hospitalier; d'une de ces physionomies paisibles et riantes qui font plaisir dans un groupe de famille, prenez le bourgeois de Paris. Confiez-lui votre fortune, votre fille, votre secret même. Demandez-lui un service qui ne retarde pas trop l'heure de son dîner, et comptez sur lui. Seulement, je vous conseille d'être pressé et de ne pas vous asseoir, si vous allez le visiter le lendemain d'une émeute.

L'ÉMEUTE.

CHAPITRE III.

Hâtons-nous d'expliquer ce que c'est que l'émeute. Car ce mot reviendra souvent au bout de notre plume, comme la chose elle-même s'est jetée maintes fois à la traverse de nos projets. L'émeute est l'accès presque périodique d'une maladie que nous avons gagnée en prenant l'air de la liberté. Nous la portons dans notre sein ; elle marche avec nous, et nous dormons avec elle. Or, il ne faut pas se tromper sur son véritable caractère. L'histoire des années qui ont suivi la prise de la Bastille est remplie de ces journées révolutionnaires où la victoire et la puissance passaient violemment d'un parti à un autre par un coup de main, par un soulèvement de la masse populaire; tragédie courte, animée, qui se termine, comme le drame moderne, par une scène d'échafaud. Or, ce n'est pas de cette nature emportée, sanguinaire, allant à ses fins par le tumulte et l'effroi, qu'est l'agitation dont nous sommes maintenant tourmentés. On la trouve bien toujours prête, se tenant sur le seuil des portes et à l'embouchure des allées, se fourrant dans les groupes où se distribuent les nouvelles, rôdant le long des quais où elle recrute les oisifs de la misère. Mais une fois répandue sur le pavé, avec ce qu'il faut de têtes, de jambes et de bras pour former un attroupement et mériter les trois sommations de la police, elle ne sait plus à qui se prendre ; elle ne marche pas devant elle vers un but déterminé, entraînant la foule et renversant les obstacles ; elle attend la force chargée de la réprimer ; elle tourne autour des soldats, les oblige à de continuelles évolutions, et quand elle a bien fatigué les patrouilles, elle va se coucher.

C'est que si notre émeute a l'instinct du trouble, elle n'en a pas la passion. Rien et personne n'est pour elle proie et victime désignée ; personne et rien ne lui est objet d'affection ardente, d'enthousiasme, de foi. Elle sait dire « A bas quelque chose ! » elle ne dit pas « Vive quelqu'un. » (1) Elle hait faiblement, elle n'aime pas du tout ; elle s'ennuie, elle se dépite ; rien de plus. Qui a vu un de ses efforts, les connaît tous. Le lieu, l'occasion, le prétexte du premier rassemblement, peuvent varier, partout les suites se ressemblent. Aussitôt qu'une rixe, un accident, un hasard, a désigné le point de la ville où toute la population doit se porter ; dès que ces mots, d'un entraînement magique et dont chacun se charge de faire le commentaire, « Il y a quelque chose quelque part, » se sont communiqués de bou-

---

(1) Je voudrais bien que cette observation ne passât pas inaperçue ; autrement je serais forcé de la développer dans une brochure, ce qui me gênerait beaucoup.

tique en boutique, de portier en portier, et ont monté rapidement tous les étages de chaque maison ; quand, pour plus d'avertissement, le rappel de la milice citoyenne vient assourdir les habitans du quartier et jeter l'épouvante chez les malades, vous verriez en un instant les rues se remplir, comme les avenues d'une fourmilière, de longues files noires qui se dirigent toutes du même côté.

Nous sommes au premier jour ; car l'émeute en a régulièrement trois : c'est un souvenir renaissant de la révolution qui l'a déchaînée. Aussi les gens timides ne se hasardent pas encore. Ceux qui sont occupés se hâtent de terminer l'ouvrage commencé. Les femmes font rentrer leurs enfans, et prient leurs maris de rester sourds à l'invitation bruyante du tambour. Les groupes qui courent au lieu du tumulte se composent des curieux les plus alertes, les plus hardis, et d'un assez bon nombre de gardes nationaux qui vont fournir leur personne à l'attroupement avant de prendre leur fusil pour le dissiper. Lorsque tout ce monde a vu poindre de loin l'aigrette du garde municipal ou du dragon, il se fait parmi les masses un mouvement de joie et un redoublement de vitesse. Rien n'est attractif en effet comme le gendarme, sous quelque nom qu'on le déguise, de quelque uniforme qu'on l'habille; le gendarme appelle la foule. Si l'Opéra-Comique a été obligé de fermer tant de fois, c'est qu'il a voulu faire des économies sur le piquet de service. Avec vingt gendarmes dans la rue de Richelieu, je me chargerais de faire entrer au parterre des Français cent personnes pour entendre une tragédie. C'est ce que l'autorité comprend fort bien; aussi n'est-elle pas chiche de ses troupes.

Cet amas d'hommes qui regardent, qui veulent absolument avoir vu quelque chose, qui prétendent ne pas s'être déplacés pour rien, qui s'ouvrent pour laisser passer les soldats, et se précipitent ensuite sur leurs traces, tout cela forme un honnête rassemblement qu'il faut bientôt faire refluer en arrière, dissoudre, éparpiller; ce qui donne lieu à des plaintes, à des propos, à des résistances, partant à des arrestations. L'heure du sommeil fait enfin ce que les sommations n'ont pu obtenir. Car l'émeute ne découche pas. Le lendemain, sur les récits qui se sont répandus de bonne heure au coin des rues, chez les marchands de vin, les perruquiers et les boulangers, une multitude vingt fois plus nombreuse que celle de la veille, se met en marche vers l'endroit où se sont passées les scènes du désordre. Peu importe que cet endroit soit inoffensif, insignifiant, sans aucun rapport avec les causes de l'irritation ordinaire. Fût-ce la porte Saint-Denis, le pont au Change, le boulevart Montmartre, la place de la Bourse, c'est là qu'il faut aller, là qu'on saura des détails, là qu'on regardera le pavé comme s'il devait y être tombé quelques semences de la première agitation; trop heureux s'il se trouve un peu de dégât qui serve de texte aux réflexions et aux discours. Pour peu que la police s'avise alors, et elle n'y manque pas, de faire placarder une proclamation qui invite les bons citoyens à rester chez eux, il n'y a plus moyen de retenir personne. Toute la ville est dans la rue, il s'établit un attroupement devant chaque affiche qui défend de s'attrouper.

C'est alors qu'il y aurait du sérieux dans l'émeute s'il y en avait dans les passions, s'il se trouvait quelque forte résolution dans les têtes. L'alarme générale, le mouvement de toute la population enhardit quelques malfaiteurs qui veulent s'emparer de la troisième journée. Mais celle-ci appartient de droit au triomphe de l'autorité. Dès le matin, tout le luxe de la force militaire se déploie en escadrons qui caracolent, ou en lignes serrées de fantassins. Fatigués d'avoir passé quarante-huit heures sans rien vendre, sans pouvoir se rendre à leurs affaires, tous les soldats citoyens, sans exception, prennent les armes. Autant faire patrouille, disent-ils, que de rester les bras croisés dans leurs boutiques closes, dans leurs maisons assiégées. La nouvelle, habilement accréditée par quelque journal officieux, d'un magasin pillé, d'un *omnibus* mis en pièces, remplit d'indignation tous les rangs de la milice bourgeoise. La curiosité est mal menée; il se distribue par-ci par-là quelques horions, et l'émeute devient une déroute.

Le jour suivant, il vous serait bien difficile de deviner d'où sont partis et où sont rentrés les acteurs de ce long désordre, tant vous trouvez chaque chose à sa place, chacun à son poste, les ouvriers au travail, les fainéans dans leur attitude nonchalante, les affaires et les plaisirs reprenant leur cours avec plus d'activité, comme si l'on voulait regagner l'arriéré; pendant que les prisons se ferment sur quelques jeunes gens qui se moquent du procureur-général, sûrs d'être acquittés, à la cour d'assises, par la patrouille même qui les a saisis.

Vous voyez donc bien qu'il n'y a pas dans tout cela de quoi s'effrayer outre mesure. Si le retour fréquent de ces petites crises n'indique pas, dans l'état social, une très-bonne santé, du moins est-on heureux de n'y pas trouver ce caractère de violence qui met en danger une vie de peuple comme une vie d'homme. Et puis cela rompt l'uniformité d'une existence qui n'est pas tout-à-fait le bonheur; cela distrait de penser à l'avenir; cela tient en haleine surtout; c'est peut-être, à tout prendre, ce qu'on peut avoir de mieux maintenant. Nous avons entendu des gens qui s'y connaissent assurer que le pavé des rues aurait été moins ensanglanté au mois de juin 1832, si, à cette époque, l'autorité d'une part, et de l'autre l'opposition, n'avaient pas, depuis trop long-temps, perdu les traditions de l'émeute. Des deux côtés, on prit l'insurrection au sérieux.

Vous comprenez maintenant pourquoi il ne fait pas bon de visiter le bourgeois de Paris à la suite des désordres qui ont troublé le repos de la ville, et interrompu le mouvement coutumier des affaires. C'est qu'alors il est intarissable dans le récit des dangers qu'a courus l'ordre public, et des prouesses où s'est signalé le courage bourgeois. Son indignation est naturellement d'autant plus verbeuse que l'événement a été plus grave. Aux affaires du mois de juin, il a gagné une extinction de voix et la croix-d'honneur; deux malheurs dans la vie d'un homme raisonnable, qui craint également la médecine et le ridicule.

MAYEUX.

CHAPITRE IV.

Je vous ai montré l'habitant privilégié de la grande ville, celui au profit duquel a été faite la dernière révolution; vous avez vu aussi Paris mis en mouvement par cette fièvre de curiosité turbulente qu'elle nous a laissée; mais vous n'auriez encore rien compris à ce grand événement de notre siècle, si vous n'en connaissiez pas le principal personnage, celui qui en restera le héros et l'historien aux yeux de la postérité. Je veux parler de Mayeux, de ce bossu, dont l'existence est encore un problème dans quelques départemens, et qu'on prend à vingt lieues de nos barrières pour une allégorie. Malheureusement, c'est son article nécrologique que nous avons à faire. Car celui qui pendant si long-temps occupa toute la France de ses exploits, de ses aventures, de ses infortunes, cet homme bruyant, malencontreux et railleur, qui nous fournissait une épigramme pour chaque sottise, une moquerie pour chaque déception, un trait malin pour chaque douleur; celui qui a le mieux jugé les événemens de notre époque, qui semblait avoir personnifié en lui nos colères, nos enthousiasmes, nos crédulités, le type de 1830 et de 1831, le masque dans lequel, tous tant que nous sommes, nous pouvions sans chagrin nous reconnaître, parce que nous placions sur son compte, je dirais mieux, sur son dos, toutes nos folies, toutes nos bévues; l'homme populaire, enfin, à qui nous devons d'avoir ri pendant dix-sept mois, a passé de vie à trépas, le 23 décembre 1831, jour de Sainte-Victoire. Il est mort d'ennui, de tristesse, de consomption, d'une maladie dévorante et indéterminée, à laquelle les médecins, toujours savans pour qualifier ce qu'ils ne peuvent guérir, ont donné le nom de « révolution rentrée ».

Et personne n'en a rien su; on n'a pas distribué le bulletin de ses dernières souffrances. Nul n'est venu s'inscrire à sa porte, s'informer de cet ami; car il était le nôtre, à nous tous, petits, grands, riches, pauvres, légitimistes, républicains, le vôtre surtout, ingénieux artistes qui avez employé si souvent sa plaisante figure, écrivains de toute couleur qui avez eu tant de fois de l'esprit avec ses bons mots. On ne le voyait plus derrière le vitrage des marchands d'estampes: on ne le rencontrait plus dans les rues; et, tout de suite, on l'a oublié, aussi complètement qu'un grand citoyen porté en triomphe aux jours de l'insurrection, qu'un orateur proclamé, dans un journal de l'année dernière, le successeur de Mirabeau et de Foy, que l'auteur d'une charte ou le fondateur d'une religion nouvelle. Déjà il était mort pour nous long-temps avant d'avoir rendu l'âme;

et peut-être cette négligence, cette ingratitude, cette inconstance de la faveur publique a-t-elle abrégé sa vie. Si, de son lit où je l'ai vu gisant, il avait entendu quelque flatteuse acclamation ; si quelque bienveillante émeute avait fait frémir ses carreaux des cris : « Vive Mayeux ! honneur à » Mayeux ! nous voulons notre Mayeux ! » peut-être ce retour inespéré de la popularité, ce réveil caressant du tumulte qu'il n'attendait plus, aurait fait de nouveau circuler son sang glacé, ramené le souffle sur ses lèvres éteintes ; il eût retrouvé la force de jurer encore une fois ; s'il jurait, il était sauvé. Mais aucun bruit n'a retenti ; les Parisiens étaient ailleurs, je ne sais où ; ils appartenaient à je ne sais qui. Peut-être s'occupaient-ils tout simplement de leurs affaires, étaient-ils rendus à leurs familles, à leurs intérêts, ce que je voudrais croire ; toujours étaient-ils loin de Mayeux. Il a donc langui seul, délaissé, mis au rebut, abandonné par le scandale comme par son médecin. Il est mort, comme mourront beaucoup d'hommes d'état, étouffé par la solitude. Faute de mieux, il a demandé un prêtre, non de l'église française (1), car il n'avait

(1) On appelle ainsi une nouvelle communion dont le siége est

plus envie de rire, mais un bon vieux curé qui est venu à pied, avec sa soutane, qui a traversé la rue Montesquieu, sans être plus remarqué qu'un chevalier de la Légion-d'honneur. Il s'est confessé; il en avait beaucoup à dire. Il s'est accusé d'orgueil surtout, d'envie, de misérable vanité; et le curé lui a promis, s'il en revenait, de le placer dans son église, à côté d'un bénitier, pour qu'on ne fît plus attention à lui.

Maintenant il est enterré, non au cimetière du Père-Lachaise, car il doit reposer au moins tranquille dans son tombeau, mais au pied de la butte Montmartre. Ne cherchez pas la pierre ambitieuse qui indique le lieu de sa dernière demeure. Il est mort avec des sentimens d'humilité qui ne permettent pas ce luxe des regrets. Une simple motte de terre, dans le carré long de cinq pieds que j'ai acheté pour lui, apprendra aux gens qui savent deviner la place où son corps est inhumé. Dans sa fosse on a jeté des milliers de pamphlets, caricatures, protestations, procla-

---

au faubourg Saint-Martin, et qui a eu l'idée sublime de traduire *in nomine patris* par ces mots *au nom du père*. (V. le chapitre des *Églises*).

mations, programmes, ordres du jour, tous faits par lui, sur lui ou pour lui, tous ayant quelque rapport à son existence, à ses affections, à ses méprises, à ses tribulations, et qui bientôt ne se trouveront plus que là. Car l'histoire est dédaigneuse; il lui faut chose qui ait duré, souvenir dont il soit resté quelque trace, non pas émotion passagère, bruit d'un jour, et célébrité de feuilleton.

Et de lui que demeurera-t-il? de cette vie courte mais agitée, de ce pauvre hère si connu dans son temps, si naïf, si bafoué, si moqueur, quel vestige la postérité recueillera-t-elle? à peine un nom, un nom obscur, qu'on pourra prendre dans quelques années pour celui d'un député ou d'un auteur tragique; énigme qui aura besoin d'OEdipes, texte qui demandera un commentaire! Le malheureux! il prévoyait cet inconvénient des renommées éphémères. Il s'apitoyait pour ceux qui l'avaient éprouvé, car il avait bon cœur au fond; il le craignait également pour sa mémoire. Dans ses derniers momens il m'a fait venir, moi, bourgeois de Paris et rien de plus, bourgeois de Paris jusqu'au bonnet à poil exclusivement, ne sachant autre chose en politique que payer exactement ma quote d'impôt doublée par le régime des économies. Il s'est plaint à moi de se voir traité par ses contemporains sans plus de façon que l'homme à la longue barbe; d'avoir obtenu pour tout honneur, pour unique témoignage de l'attention publique, une place chez le libraire Terry, dans le Palais-Royal, à l'enseigne du dieu Mars, où sa biographie se trouve pêle-mêle avec l'Histoire des brigands fameux, les Intrigues des grisettes, l'amour à l'encan, le paravoleur, et l'Art de rendre les femmes fidèles. Il m'assura qu'il mourrait content s'il était question de lui dans un livre bien imprimé, dans un in-octavo; l'excellent homme croyait à l'immortalité des grands formats !

Messidor-Napoléon-Louis-Charles-Philippe Mayeux (car il a porté successivement tous ces prénoms, quoique son extrait de baptême lui donne seulement celui de Bonaventure, emprunté au saint du jour où il est né), vint au monde, à Paris, le 14 juillet 1789, pendant que son père, honnête artisan de la rue Beau bourg, était occupé à la prise de la Bastille. Ce jour de gloire lui porta malheur. Sa mère, effrayée par le bruit du canon et de la mousqueterie, fut délivrée avant terme d'un enfant chétif et contrefait. Une humeur indocile et querelleuse, dont l'âge n'a pu le corriger, rappela mieux la date de sa naissance. Les quinze années qui suivirent cet événement appartiennent à l'histoire de son père. Celui-ci, après avoir fait preuve de courage dans Paris, alla repousser l'ennemi sur les frontières, suivit nos armées dans toutes leurs conquêtes, obtint le grade de sergent pour prix de trente-deux blessures, et fut tué à la bataille d'Austerlitz, en appelant Patrie, comme il avait long-temps nommé Liberté, la bannière sous laquelle il combattait. Napoléon-Mayeux, c'est alors qu'il prit ce nom, nous a souvent montré son père, qu'il disait reconnaître au septième étage du bronze en spirale qui tournoie, chargé de héros et de victoires, jusqu'au faîte de la colonne. Enfant de la révolution, comme disent nos candidats politiques, il se trouva donc jeune homme et orphelin sous l'empire. Comme son infirmité l'exemptait de la conscription, ce qui fut constaté successivement en huit années par treize conseils de révision, aucune inquiétude personnelle ne vint le gêner dans son enthousiasme pour les exploits militaires. Il ne parlait que batailles, assauts, marches forcées, villes prises, royaumes confisqués; il comptait les morts de l'armée ennemie par milliers, les prisonniers par divisions, les canons et les drapeaux par centaines; il exagérait les bulletins. Et puis, chaque jour, il voyait dans sa ville des monumens s'élever, des rues s'élargir, des quais se dresser, des ponts s'appuyer sur les deux rives de la Seine; on lui donnait des fêtes, des feux d'artifice, des spectacles gratis, des revues, où il faillit mainte fois être étouffé; on rehaussait, par dessus toutes les nations du monde, le peuple parmi lequel il était confondu ; et lui, se hissant sur la pointe des pieds, criait avec sa voix gutturale : « J'en suis, de la grande nation. » Il était donc fier, rayonnant, enivré. De plus, comme son quartier manquait de garçons, les filles ne le regardaient pas avec trop de mépris, et vous connaissez son faible!

On ne vit pas de gloire; il le savait, et se maria. Il reçut une dot avec laquelle il forma un établissement avantageux. C'est lui, le premier, qui eut l'idée de nettoyer la chaussure des passans en les faisant asseoir commodément, à l'abri, sur une banquette de velours. La garde impériale était une bonne pratique : elle jurait, elle ne voulait pas attendre ; elle foudroyait de son langage énergique le pékin agenouillé devant sa grande botte; mais elle payait bien. Et le moyen, s'il vous plaît, de se fâcher contre la grande armée ?

Enfin, le cours des victoires cessa. Les désastres arrivèrent, et, à leur suite, le chagrin, l'inquiétude, le mécontentement. Plus d'anniversaires joyeux, plus de cérémonies, plus d'édifices qui semblaient sortir de terre. L'hôtel du quai d'Orsay en resta où vous voyez; l'arc de triomphe demeura sans ouvriers. Paris devint triste, et, quand Paris est triste, on n'en peut rien faire. Au lieu d'entrées triomphantes avec fanfares et timbales, on vit arriver des ambulances. Mayeux sentit que l'empire croulait; il croisa les bras par derrière, à cause de son infirmité, et il alla regarder les Prussiens, les

Russes, les Autrichiens et autres qui passaient sur les boulevards ; sans joie, certes, mais sans colère, comme on regarde aujourd'hui un détachement de la garde municipale. Il se remit le lendemain à brosser les bottes des cosaques, puis celles des mousquetaires. Ensuite revinrent ses anciens habitués, et il leur souhaita bonne chance. Les Anglais arrivèrent ; il les reçut comme des gens qu'il avait vus la veille. Les soldats d'Écosse, surtout, l'amusèrent infiniment, et il se consola de l'occupation en se moquant des garnisaires.

Pour cette fois, il crut la restauration affermie ; il s'y habitua, et se laissa nommer Louis. Les deux invasions, les uniformes nouveaux avec lesquels on aime à se montrer, ce qui ne se fait pas sans crotter ses bottes, lui avaient rapporté quelque argent. Il monta d'un degré ; il n'était qu'artiste ; il se fit négociant : la progression fut observée. Il ouvrit un magasin d'objets divers à vingt-cinq sols la pièce. Il eut sa patente ; il ne lui manquait plus que deux cent soixante-quinze francs de contributions à payer pour être électeur : je crois qu'il le serait aujourd'hui. Il se mit à lire le journal, à parler politique. Frondeur de son naturel, il ne pouvait tarder à s'apercevoir que tout allait fort mal; et comme il vit en même temps que ses profits n'en souffraient pas, il fit hardiment de l'opposition. Toutes ses vieilles tendresses se réveillèrent, et formèrent un bizarre mélange de regrets. La liberté, dont son journal l'entretenait sans cesse, prenait dans sa tête la forme de Napoléon. L'avénement de Charles X suspendit quelque temps son animosité. Car c'était lui, Mayeux, qu'un lancier refoulait brutalement, lorsque le nouveau roi s'écria : « Plus de hallebardes, » et le soir de cette journée il voulut qu'on l'appelât Charles. Mais cette affection, née d'une caresse de prince, dura peu. La dissolution de la garde nationale l'exaspéra tout-à-fait, avec d'autant plus de raison qu'il n'en était pas.

Jusque-là, Mayeux n'avait pas fait beaucoup parler de lui. Son nom n'était guères connu que dans les ateliers de quelques peintres qui avaient étudié sa conformation singulière, sa physionomie passionnée, la rauque vivacité de sa parole, la plaisante hyperbole de ses discours, surtout son goût effréné pour le beau sexe, et qui composaient de tout cela des récits amusans, des scènes à faire pâmer de rire. Une fois on l'avait lancé sur le théâtre; et il avait pris la chose en homme d'esprit, non pas comme ces messieurs du comptoir, qui firent bêtement une émeute contre Brunet. Il était réservé à la révolution de 1830 de produire Mayeux dans tout son jour. Peu de temps auparavant il avait reçu un outrage, que je ne puis dire sanglant, mais qui lui fit prononcer l'affreux serment de la vengeance. Tout ce qu'il m'est possible de raconter ici, c'est qu'un grenadier à cheval de la garde royale, haut monté sur ses bottes à l'écuyère, ne l'avait pas aperçu derrière une borne. La lithographie a recueilli ce fait (1). Aussi, lorsque la publication du coup-d'état appela le peuple à l'insurrection, Mayeux descendit des premiers dans la rue. Devant l'amas de pavés qui le couvrait jusqu'à la tête, il vit passer tour à tour, à la portée de sa carabine, les lanciers à la longue pertuisane, les cuirassiers

---

(1) Il s'agit d'un dessin au bas duquel sont écrits ces mots : « Prenez donc garde, militaire, il y a un homme devant vous. »

au justaucorps de fer, l'infanterie à la tête d'ours, et ces étrangers à l'habit écarlate, qui deux fois sont venus chercher la mort dans nos révolutions. Il suivit les flots de la foule victorieuse, et vint se reposer aux Tuileries. Sur sept gendarmes tués, il en avait à lui seul abattu quarante.

Dès-lors commença l'ère brillante de Mayeux prôné, flagorné, choyé de toute part. Plein des chansons de M. Béranger, il allait porter l'hommage de son triomphe au pied de la colonne, comme à l'autel du Dieu dont il avait intérieurement nourri le culte pendant quinze années : on l'entraîna au Palais-Royal : un républicain essaya de le débaucher en route; car tout le monde voulait avoir Mayeux avec soi. C'était lui qui avait vaincu, lui dont on serrait affectueusement la main. En sortant de l'Hôtel-de-Ville, il crut emporter le programme dans sa poche (1). Tout fier de l'importance qu'il venait d'acquérir, il ferma sa boutique; il vendit

(1) Pour l'intelligence de ce passage, il suffit de lire environ 4,500 articles de journaux, pour et contre, qui traitent du programme de l'Hôtel-de-Ville, qui en nient l'existence ou en développent le texte. Ce sera du temps parfaitement employé.

toutes ses marchandises presque pour rien, à un valet de la vénerie, d'autres disent à un musicien de la chapelle, qui se trouvait sans emploi, et se mit à faire bombance. C'est à cette époque qu'il faut placer toutes ces aventures galantes, que les dessinateurs ont fort indiscrètement révélées. Ce fut là son bon temps, ce qu'il se plaisait lui-même, car il savait un peu d'histoire, à nommer sa Régence.

Toutes ces fredaines, dont on a beaucoup augmenté le nombre, n'étaient, à proprement parler, que ses divertissemens, que l'emploi récréatif du temps qui lui restait. Sa véritable occupation était la politique, la direction officieuse des événemens, l'entreprise volontaire et gratuite de l'opinion publique. C'était lui qu'on voyait toujours, ou plutôt qu'on ne voyait pas, pérorant au milieu des groupes, répandant la nouvelle du jour, excitant l'émotion dont on avait besoin, distribuant à propos parmi les rassemblemens un fait étrange, invraisemblable, absurde, comme il en faut pourtant pour être cru dans les temps d'agitation. C'est à lui qu'on doit l'invention des gendarmes déguisés en femmes, surpris par la police dans les premières émeutes. Cela faillit le brouiller avec un journaliste de ses amis, qui eut la faiblesse d'en être jaloux (1).

Pendant un an, Paris tout entier ne vit, ne parla, ne pensa, ne jura, et cela dans tous les sens du mot, que par Mayeux. Mayeux voulait ceci, Mayeux disait cela, Mayeux ne voulait pas, Mayeux blâmait, Mayeux approuvait, il fallait avant tout contenter Mayeux. L'universalité de ce personnage fut telle qu'on douta de son unité. On ne pouvait pas croire qu'une seule tête suffît à tant de mouvemens, une seule volonté à tant de caprices. On avait vu Mayeux dans l'émeute, on l'avait vu contre l'émeute; ici avec un chapeau verni, là avec un bonnet à poil; attendant de pied ferme la république sur la place Vendôme, et courant les rues à la suite de la république; brisant des réverbères, et bivouaquant la nuit dans le Palais-Royal; criant « Vive la Pologne! » et mettant les Polonais au violon. Et pourtant c'était toujours le même Mayeux, crédule et mobile, tour-à-tour républicain, bonapartiste, juste-

(1) Le journaliste n'en consigna pas moins l'anecdote dans sa feuille.

milieu; dans la foule, turbulent et goguenard ; dans les rangs, intrépide et ferme; aux assises, témoin à décharge pour les séditieux qu'il aurait éventrés la veille.

Vous avez vu qu'il était garde national. Il s'était inscrit dès le commencement à la mairie de son quartier; il aimait à se parer de l'uniforme. Il fut le premier qui porta en petite tenue le chapeau à la Bonaparte ; et, lorsqu'on voulait l'en railler, il répondait, avec quelque amertume, qu'il avait vu des gens qui ne le valaient pas se donner les airs de singer le grand homme. Notez bien qu'il ne voulait parler ni de M. Gobert, ni de M. Frédérick, ni de M. Cazot, ni de M. Edmond, ni de M. Francisque, pour lesquels au contraire il professait une véritable admiration. Dans les premiers jours de la formation, on ne chicanait personne sur sa taille, non plus que sur sa position sociale. Bossus et prolétaires, tout le monde était admis à faire patrouille, à passer la nuit, à recevoir l'averse, à ramasser les bandits et les vagabonds, à faire l'office de la garde, de l'armée, de la gendarmerie. Mayeux avait même été nommé caporal par acclamation. Bientôt il fut question d'épuration, de triage. Mayeux remarquait que, depuis quelque temps, on ne le commandait plus pour les postes d'honneur, pas même pour les écuries de la rue Saint-Thomas du Louvre. On le reléguait toujours à la mairie avec les bisets : c'est là que je l'ai connu. Enfin son capitaine, qui avait obtenu la croix d'honneur uniquement parce qu'il avait Mayeux dans sa compagnie, du moins ne lui connaissait-on pas d'autre titre, son capitaine qui lui devait peut-être la double épaulette dont il était si glorieux, lui fit entendre poliment que sa présence jetait l'hilarité dans les rangs; que ses saillies nuisaient à la gravité du corps-de-garde; que dernièrement un auguste personnage, âgé de sept ans, n'avait pu garder son sérieux en le voyant; qu'enfin il y avait eu, dans la troupe de ligne, quatre-vingt-deux soldats mis à la salle de police pour avoir ri sous les armes lorsqu'il défilait à la parade; ce qui devenait fort grave à cause des événemens de Lyon, dont on avait alors grand effroi.

En conséquence, pour le bien du pays et pour la tranquillité publique, au nom de cette révolution qu'il avait si vaillamment servie, on l'invitait à se retirer, à ne se montrer que le moins possible, à demeurer tranquillement chez lui. Mayeux résista ; il voulut être jugé. On l'appela devant le jury de révision, présidé par un juge de paix qui doit se connaître parfaitement en service militaire. Il fut, tout d'une voix, rayé des contrôles : j'aurais bien voulu être à sa place ; mais Mayeux ne pensait pas comme moi. Le sergent-major lui fit redemander son fusil, arme excellente, fournie par le gouvernement, qui lui avait coûté vingt-sept francs pour la mettre en état. Cela fut le dernier coup, le coup mortel pour le pauvre Mayeux. Et ce qui compléta son désenchantement, ce fut de voir que personne ne s'intéressait à sa disgrâce, qu'aucun passant ne s'inquiétait de lui dans la galerie Véro-Dodat où sa place se trouvait déjà occupée par je ne sais quelle grotesque figure. Au bout de trois semaines il n'était plus...! Que Dieu lui fasse paix ! que la terre lui soit légère ! il a porté son fardeau en cette vie.

Mayeux laisse un fils âgé de dix-huit ans. Il ne s'était pas occupé de le pourvoir, comptant pour lui sur une place que lui avait promise le premier préfet de police nommé après la révolution. Ses instances allèrent en augmentant, et ses espérances en diminuant, de préfet en préfet, jusqu'à l'arrivée du sixième qui le fit mettre à la porte. Le jeune homme avait cru que la victoire du peuple et les services de son père le dispensaient d'apprendre un état; il s'est fait émeutier. La dernière fois que je l'ai vu, il était sur le boulevard du Temple, en demi-blouse déchirée, en pantalon garance rapiécé de noir, attendant à midi l'ouverture du théâtre des Funambules. Le lendemain il se battait pour la république. Depuis, on n'a plus entendu parler de lui.

———

LES TUILERIES.

CHAPITRE V.

Les quatre chapitres qui précèdent formeront la partie morale, historique et politique de notre recueil. Ils indiqueront, aux gens qui savent lire et comprendre, le caractère général de notre civilisation. Maintenant, nous allons marcher plus librement dans la partie descriptive. Nous recueillerons dans la vie de Paris des scènes où se dessinent les mœurs de ses habitans; nous visiterons ses monumens, non pour les mesurer avec le compas et en détailler les formes dans ce langage de l'art que reproduisent fidèlement l'un après l'autre tous les guides, almanachs ou indicateurs; mais, pour les examiner sous le seul rapport de leur destination ou de leur emploi, ce qui n'est pas toujours la même chose. Et, d'abord, arrêtons nous à la demeure des rois, aux Tuileries.

J'ai vu un temps où il était de bon ton d'être savant : c'était à la même époque où l'on se faisait honneur d'avoir un cousin député. Alors, nul ne pouvait se présenter décemment dans le monde littéraire s'il n'avait employé une heure ou deux de sa veillée à parcourir une table alphabétique, à recueillir quelques dates, à s'assurer pour le moins d'une généalogie, à se fourrer dans la tête tout juste ce qu'il fallait de vieux noms et de faits anciens pour défrayer l'article du lendemain. Au moyen de quoi, on se donnait, en sortant du Vaudeville, un petit air de bénédictin, et le feuilleton jouait l'in-folio à s'y méprendre. En ce temps, on écrivait des chroniques, on chantait des ballades et des virelais, on rimait des rondeaux; on dessinait, on imprimait, on parlait gothique. Il y eut comme une irruption du monde contemporain dans le moyen-âge; les avocats eux-mêmes furent obligés d'apprendre l'histoire. La mode essaya de redevenir damoiselle, et l'art se fit paladin; les contredanses eurent besoin de commentaires; on imita le vermoulu dans les meubles, l'enfumé dans les tableaux, le moisi dans les livres. Ce fut une fortune pour les bouquinistes, les revendeurs et les chasubliers.

Et pourquoi tout ce luxe d'érudition, tout cet étalage de recherches? Parce que le sort avait replacé sur le trône une dynastie descendant en ligne directe de Hugues Capet, comptant neuf siècles d'ancienneté, et trente-deux générations de rois, portant unies sur son écusson les armes de France et de Navarre, et signant hardiment ses actes : « Louis ou Charles, par la grâce de Dieu », dont mal lui prit, me dit-on. C'était encore parce qu'un grand écrivain, précurseur éloquent de cette restauration, avait rajeuni dans son style brillant les titres de la vieille monarchie et les souvenirs de notre antique honneur. La chose en vint au point que, la science moderne, celle qui appartient incontestablement à notre époque, qui se soucie peu des traditions et des légendes, la science positive, sèche, aride, prosaïque, impitoyable, qui sert aux débats politiques, se vit forcée de refaire un peu ses études, et de remonter dans le passé pour y chercher des motifs de haine contre le présent.

Or, nous ne sommes plus en ce temps, Dieu merci ! autrement, nous n'aurions pu écrire en tête de ce chapitre : « Les Tuileries », sans contracter l'obligation de raconter que l'emplacement de la demeure royale appartenait autrefois à Nicolas de Neuville; que François Ier en fit l'acquisition pour sa mère, laquelle le donna ensuite, pour en jouir leur vie durant, à Jean Tiercelin et à Julie du Trot, sa femme ; deux noms qui auraient fait merveille dans un morceau historique. Il aurait fallu dire, après cela, comment Catherine de Médicis, qui regrettait son mari tout comme une bonne femme, fit bâtir un beau palais en ce lieu pour quitter l'hôte des Tournelles, où Henri II avait été tué ; comment elle chargea de cette construction Philbert Delorme (notez bien que je n'écrirais pas Philibert), abbé de Saint-Serge et de Saint-Eloy; puis les additions faites au plan primitif sous les règnes de Henri IV et de Louis XIII, lorsque le Louvre vint étendre son grand bras jusqu'au pavillon de la rivière: les changemens opérés par Louis XIV dans l'ordonnance du château ; la noble création que fit sortir Le Nôtre d'un terrain inégal, marécageux, encombré de capricieux agrémens; enfin les nombreux embellissemens qu'y laissa l'empire, avec cette puissance de ressources et cette liberté d'exécution qui n'étaient pas contrariées par les chicanes d'un budget. Et ce ne serait pas tout ; il y aurait à dérouler encore toute la suite des faits qui se sont passés dans cette enceinte; longue histoire, qu'un écrivain moderne a conduite en deux volumes jusqu'à l'installation du consulat, et à laquelle il faudrait ajouter un supplément de cinq ou six révolutions, sans le courant.

On entretient aujourd'hui le public à moins de frais. Depuis qu'obéissant à la forte voix de l'émeute, des mains empressées, des marteaux officiels, ont fait disparaître les derniers vestiges de parenté entre la royauté citoyenne et la royauté déchue; depuis que le blason de la nouvelle monarchie, déconcertant tout le savoir de l'art héraldique, ne rappelle plus qu'une origine d'hier; l'ignorance du passé est une sorte de courtoisie, et il y a de la coquetterie dans l'anachronisme. Pour ma part, si je m'étais trouvé ce matin un petit mouvement d'ambition, j'imprimerais sans hésiter que c'est l'architecte des Tuileries qui a donné son nom au passage Delorme. Je serais peut-être conseiller d'état.

Prenons donc les Tuileries telles qu'elles sont, telles que les a rendues le dernier travail qui vient d'en changer la distribution, et sur lequel s'est si long-temps exercée la polémique, alors que derrière un rideau de noires palissades, il semblait se tramer une conspiration de la pelle et de la pioche contre nos libertés toutes fraîches; alors qu'on soupçonnait des remparts, des batteries, des bastions, des contrescarpes, des ponts-levis, construits sourdement pour défendre une royauté de plain-pied. Tout cela s'est borné à quelques toises de terrain prises sur la promenade commune, encadrées dans un fossé, et attribuées exclusivement aux jouissances des habitans du château; fantaisie de roi fort innocente, et qui a seulement le tort très-léger d'être un mauvais ouvrage d'architecte, une atteinte portée à la charte de Le Nôtre. A présent que les parts sont faites, emparons-nous de celle qui nous est laissée. Au roi, à sa famille, à sa maison, les bâtimens noircis, héritage de la couronne, et portant sur une colonne brisée l'empreinte commémorative des journées de juillet, avec faculté même d'en sacrifier l'ordonnance à des constructions plus commodes, puisqu'il paraît qu'on ne peut l'empêcher ; le moignon de galerie qui s'arrête devant la rue de Rohan, essai des temps modernes, dont la vieille galerie du Louvre semble narguer l'impuissance; la cour aussi, qui nous reste fermée par deux de ses issues; enfin, les deux bouts de jardin conquis sur notre domaine, faible indemnité des réductions que la majesté du trône a subies. A nous le reste, le passage sous le pavillon de l'horloge, le sol qui s'étend devant ce pavillon, et dont j'ai besoin absolument pour régler ma montre, les terrasses, les parterres, les allées, les bassins, les massifs, les bosquets, moyennant certaines conditions de costume et de bonne tenue. Contentons-nous de cela; et, si nous ne voulons en rien perdre, ne faisons pas de révolutions nouvelles, n'allons pas encore une fois nous proclamer souverains.

Partout où les hommes s'assemblent et se montrent les uns aux autres, il s'établit des mœurs, des habitudes, des prétentions et des critiques. Tout cela se trouve dans le jardin des Tuileries comme dans le monde, et l'observation en plein vent n'est pas sans plaisir. D'abord, l'entrée est libre. On n'a compte à rendre à personne de son nom, de sa qualité, de son opinion, de son dessein; pas de salut à faire, pas de rôle à jouer. Si vous n'avez ni chien, ni croix d'honneur, ni paquet, le factionnaire ne vous regarde même pas. Il ne s'agit que d'être vêtu suivant la façon qu'on est convenu d'appeler décente. Une veste élégante, une casquette de fine étoffe, sont des motifs d'exclusion. Le pourpoint doit avoir des basques, le couvre-chef un bord circulaire et une forme élevée. M. Chodruc Duclos, même avant qu'il eût renouvelé son costume, y aurait été reçu sans difficulté, s'il n'était pas, lui, resté fidèle au Palais-Royal. Et tel est l'empire de la consigne, tant a de force la tradition de l'obéissance, qu'aux jours de la victoire populaire, alors qu'il n'y avait plus ni gouverneur, ni surveillans, ni adjudans, ni gendarmes, ni roi, l'invasion du vêtement ne dura que tout juste le temps nécessaire pour la conquête. La garnison seule pouvait paraître de contrebande (1).

La population des Tuileries varie naturellement selon les heures de la journée, les saisons, et l'état de la température. Le matin, ce ne sont que gens de passage, affairés; bientôt la lecture des journaux amène des groupes tranquilles, sérieux et sédentaires. Vers midi commence la vie joyeuse, le mouvement d'oisiveté, l'agitation riante du loisir, par l'arrivée des enfans. Les mères viennent ensuite, puis tout le monde; j'entends tous ceux qui ne sont pas enfermés dans un bureau, penchés sur une table, attendant la pra-

(1) La lithographie nous a représenté un factionnaire en chemise repoussant à la porte du jardin un promeneur en veste. Le fait est historique.

tique dans un comptoir. Ces derniers ont leur jour de cohue, de fatigue, de toilette ambitieuse, de luxe inusité, le dimanche, où toutes les industries, toutes les professions, tous les métiers descendent à longs flots de leurs retraites, avides de respirer un peu d'air, et vont s'étouffer pêle-mêle dans la grande allée.

Mais il faut remarquer une merveilleuse intelligence dans la distribution que se sont faite des diverses parties du jardin, les différentes colonies qui viennent s'y établir. Car toutes n'y arrivent pas avec les mêmes désirs, les mêmes besoins, les mêmes caprices. Sur la terrasse du bord de l'eau, par exemple, en ce lieu où la vue est si belle, l'air si pur, le terrain si ferme, l'espace si commode, les rayons du soleil si directs dans les belles journées d'hiver, vous êtes sûr de ne trouver presque personne. Aussi l'aristocratie l'a-t-elle choisie pour ses rencontres, la politique grave et sérieuse pour ses entretiens. Je ne m'étonne pas qu'on y ait placé, en 1817, je crois, une conspiration de bonne compagnie. Le massif planté au bas de cette terrasse est tout à fait désert. A peine y voit-on de temps en temps un étudiant qui apprend en huit jours son cours d'une année, un acteur qui menace les marronniers de sa tirade, un chansonnier qui cherche de l'esprit dans le dictionnaire des rimes. Car c'est un asyle délicieux pour la méditation. Mais n'allez pas croire, sur la foi de certains conteurs, que cette solitude soit favorable aux amours, qu'on y cherche un abri contre les regards jaloux, qu'il s'y fasse de tendres épanchemens, des aveux, des promesses, des sermens et des querelles. Fadaises d'un autre âge, rêveries anacréontiques qui amusent encore la province! Le monde avec son grand jour, son bruit tumultueux et ses yeux distraits, est bien plus sûr pour le mystère que l'ombre et la retraite. La société tout entière se prête volontiers à devenir complice des choses qu'on n'affecte pas de lui cacher.

Lorsque vous avez descendu le croissant doucement incliné qui termine la terrasse du bord de l'eau, vous voyez en face de vous, de l'autre côté du bassin octogone, un espalier vivant qui semble tapisser le mur. Là s'est conservée la religion du soleil. Une foule de vieillards, d'enfans et même de jeunes hommes, car les jeunes hommes ont maintenant des rhumatismes, viennent épier le moment où l'astre bienfaisant, perçant les nuages qui le couvrent à peu près la moitié de l'année, se laissera voir, se fera sentir à ses adorateurs. Là, une généreuse prévoyance a multiplié les bancs, et il y a place encore pour la spéculation des chaises. Depuis long-temps cet endroit a reçu le doux nom de «Petite Provence». Tout est pur, innocent, tempéré comme la convalescence, dans cette orangerie des humains qu'un monticule protège contre les vents du nord. On y cause, on y lit, on y joue, à peine si l'on s'y regarde. Vous y trouverez encore quelquefois une jeune femme, dans les premières illusions du mariage, essayant son devoir de mère, et voilant d'un tissu léger cette nouvelle espérance de bonheur, trompeuse aussi peut-être, qu'elle presse tendrement contre son sein nourricier. Honte à qui viendrait troubler, d'un sourire indiscret, cette pudique immodestie de l'allaitement !

Au détour du mur commence la circulation mondaine, irrévocablement fixée par l'usage dans la grande allée qui borde la terrasse des Feuillans ou sous les arbres les plus voisins, suivant la température qui règne. Pour qui ne connaîtrait pas les habitudes parisiennes, ce serait un spectacle singulier, une énigme obscure, que cette nuée de promeneurs, attachés l'un à l'autre par le bras, parcourant rapidement cinquante fois le même espace, se retournant au même point, comme s'il s'agissait d'une tâche à remplir pour la journée, d'une peine à subir pour avoir manqué la garde ou pour tout autre délit municipal. Et pourtant, dans ce mouvement confus et machinal, s'agitent bien des passions, bien des vanités. Il existe à Paris une certaine société qui fait des Tuileries son monde, son théâtre. Vous la verrez rarement ailleurs; vous la trouverez toujours là. C'est pour elle qu'on nettoie les allées, qu'on élague les arbres, qu'on apporte et qu'on déplace les orangers. C'est vers les Tuileries que se dirige toute sa pensée, toute son ambition. Il y a des rivalités qui ne se rencontrent jamais qu'aux Tuileries. C'est pour les Tuileries que, dans quelques familles, on fait effort de dépenses, assaut d'invention en toilette. C'est là qu'on doit étaler la robe nouvelle, déployer le manteau avec tout son lustre de jeunesse, risquer le début d'un chapeau. Là, il se forme des réputations, des sobriquets, des moqueries, des chroniques scandaleuses. Les habitués de cette réunion ont leurs beautés célèbres, que l'on traite comme dans les salons, dont on s'approche pour les admirer et qu'on va déchirer plus loin. Chaque jour, à heure fixe, les mêmes fatuités viennent s'y dessiner, les mêmes prétentions y faire la grimace On y expose même des filles à marier.

Mais, ce qui fait, pour moi du moins, le véritable attrait de ces lieux, ce sont les enfans; je veux dire ceux qui ne comptent pas encore dix années, dont les membres ont tout leur potelé et toute leur mollesse, dont la carnation est si fraîche, les mouvemens si souples et si gracieux, les cheveux si moelleux et si beaux lorsqu'ils roulent en boucles soyeuses autour d'une figure animée par le jeu. Quel charme dans leur gaîté, dans l'innocente ivresse qui fait étinceler leurs yeux, dans ce sang pur et vif qui vient colorer leurs joues! Quelle gentillesse dans leurs petites mutineries, dans leurs chagrins passagers, dans cette jolie moue qui leur appartient, et que les femmes mêmes ne peuvent imiter ! Il y a vraiment de quoi se laisser prendre au mariage. Et combien est touchante la coquetterie maternelle qui s'exerce sur ces délicieuses créatures ! J'entends la coquetterie de bon goût, celle qui songe à faire valoir leurs naturelles beautés, et non pas l'imbécille vanité qui les étouffe sous des déguisemens bizarres. De grâce, mesdames, point d'uniformes, de chako, d'épaulettes, de harnais militaires à ces garçons rondelets qui veulent se rouler dans la poussière, livrer leur chevelure aux vents, respirer la vie par tout leur corps. Que leur cou soit nu, leurs jambes libres, que leur coiffure puisse tomber sans dommage, car elle doit tomber. J'ai vu assez de grands enfans en gardes nationaux ; dispensez les petits du ridicule. N'enlaidissez pas à plaisir ces marmots, dont le rire, les exercices, les cris en plein air, peuvent en ce moment raviver une âme flétrie. Il m'est arrivé de conduire ici même, au milieu de leurs groupes joyeux, un philosophe chagrin, morose, misanthrope, un homme d'état (vous savez ce que c'est), qui n'avait pas eu sa part dans la dernière distribution des emplois,

La vue de ces enfans dérida un instant son front, le sourire effleura ses lèvres ; mais il s'écria tout à coup : « Quel dommage que tout cela soit destiné à devenir des hommes ! »

Nous voici revenus près du château, et nous passerons, s'il vous plaît, sans nous arrêter sous la voûte qui conduit à la cour. Aussi bien qu'y aurait-il là maintenant à regarder ? Pas de gardes à l'intérieur, pas de ces brillans uniformes, devant lesquels s'extasiait la foule, la veille du jour où elle les poursuivit à coups de pierre. La chapelle est fermée aussi, fermée le dimanche. Les beaux jours de la chapelle sont passés. Il faut avoir le courage d'une femme pour oser ici prier Dieu. Nous sommes dans la cour ; elle est libre ; on s'y promène à cette heure. Le tambour ne s'y fait pas entendre. On n'y voit pas marcher, en tête des bataillons réguliers, quelques centaines d'honnêtes citoyens, marchands, médecins, hommes d'affaires, commis, artisans, penseurs peut-être, qui viennent, mal alignés et le pas incertain, se mouvoir au gré d'un commandement qu'ils ne comprennent pas. M. le maréchal commandant en chef a fini sa matinée.

Mais ne saurons-nous rien du château, de ceux qui l'occupent, de sa distribution actuelle, de la part d'habitation attribuée à chaque personne? Non. Interrogez là-dessus les hanteurs de palais, les visiteurs de princes, les familiers de courtisans, les amis intimes des valets de pied. Ces gens-là vous diront ce qui a été et ce qui est; car ils ont vu l'un et l'autre, et vous ne pouvez douter de leurs préférences. Pour moi, tout ce que je puis vous fournir, c'est un relevé exact, indiquant l'entrée et la sortie des différens hôtes qui ont logé dans ce palais depuis trente années. Il m'a été communiqué par le plus vieux des concierges; les concierges ont aussi le privilége de l'inamovibilité. Un premier président de cour royale, venant complimenter le roi nouveau, est sûr au moins de trouver sous le guichet une figure de connaissance.

Or, voici ce document rédigé en style d'aubergiste :

1° Napoléon Bonaparte, premier consul de la république, puis empereur des Français, entré le 19 février 1800, venant du Luxembourg, sorti le 30 mars 1814, allant à l'île d'Elbe;

2° Louis XVIII, roi de France et de Navarre, entré le 3 mai 1814, venant d'Angleterre, sorti le 19 mars 1815, allant en Belgique;

3° Napoléon, qualifié comme dessus, entré le 20 mars 1815, venant de l'île d'Elbe, sorti le 3 juillet 1815, allant à l'île Sainte-Hélène;

4° Louis XVIII, déjà nommé, entré le 8 juillet 1815, venant de Belgique, mort dans l'établissement le 16 septembre 1824;

5° Charles X, roi de France et de Navarre, entré le 16 septembre 1824, venant du pavillon Marsan, sorti le 29 juillet 1830, allant en Écosse;

6° Le peuple de Paris, société anonyme pour l'insurrection, entré le 29 juillet 1830, venant de la rue, sorti le 9 août suivant, allant à ses affaires;

7° Louis-Philippe, roi des Français, entré le 7 août 1830, venant du Palais-Royal.....

On m'a dit encore qu'il existait un registre particulier de l'état civil pour les familles qui séjournent dans cette hôtellerie. Je n'ai pu en feuilleter les pages. Mais j'ai su que, depuis la fondation des Tuileries, il y était né seulement deux enfans destinés au trône, qui ont tété en quelque sorte la royauté dans leur maillot. Or, ces deux enfans, je les ai retrouvés dernièrement ensemble côte à côte, se donnant la main, unis par une même destinée, liés d'une fraternité nouvelle et bizarre, inscrits tous deux dans une loi de bannissement; le nom de l'un des deux en a été rayé par la mort.

A présent, il ne s'agit plus que de sortir; sortons par où les rois entrent, par l'arc-de-triomphe; et nous jetterons en passant un coup d'œil sur ce monument, où grelotte, dans sa guérite de pierre ouverte aux quatre vents, un cavalier de la garde nationale, avec le costume polonais, éclatant témoignage de nos généreuses sympathies. Voilà les bas-reliefs qui rappellent les victoires de 1805, scellés de nouveau sur toutes les faces. Le Trocadéro est au rebut. Et cependant je lis, dans un livre publié il y a peu d'années, que ces bas-reliefs ont été déplacés en 1815 pour ne reparaître jamais. « Jamais, toujours » ce sont deux mots pour lesquels nos imprimeurs ne devraient pas trouver de caractères dans leurs casses. Mais, afin d'épargner aux écrivains de pareilles méprises, ne pourrions-nous pas renoncer désormais à élever des monumens pour les renommées, pour les affections contemporaines? Voyez, dans le seul horizon du lieu où nous nous sommes arrêtés, combien de pierres qui attendent inutilement la pierre voisine, que de piédestaux sans statue ! La porte de l'Étoile, l'emplacement destiné à Louis XV, l'expiation promise à Louis XVI. Et si vous vouliez vous détourner un peu, je vous ferais chercher, en face du Palais des députés, le marbre consacré à Louis XVIII, à l'auteur de la charte. En bonne justice, il faudrait, sur cette base toute prête, faire monter M. Bérard. Mais qui se chargerait aujourd'hui de trouver M. Bérard (1)? Tout cela vous prouve que, dans ce siècle de politique mo-

---

(1) Après bien des recherches, j'ai découvert dernièrement cet honorable législateur couché sous un amendement que la Chambre avait rejeté.

bile, les événemens et les grands hommes du jour ne peuvent être ni sculptés, ni fondus. C'est dépense, talent, pierre et bronze en pure perte. Et s'il est absolument nécessaire d'occuper nos artistes, ce que je n'empêche assurément, livrons à leurs ingénieuses mains des matières de courte durée, demandons-leur des ouvrages légers, fragiles, éphémères, comme nos enthousiasmes, nos sermens et nos constitutions.

LE LUXEMBOURG.

CHAPITRE VI.

Pas de mauvaises plaisanteries, s'il vous plaît !
Nous allons au Luxembourg; nous y allons en
sortant des Tuileries. Le hasard même a pu nous
faire partir en même temps qu'une de ces patrouilles législatives qu'on détache parfois vers le palais
de Médicis pour prêter main-forte à un ministère

nouveau. Et pourtant il faut se tenir en garde contre tant de souvenirs qui provoquent l'hilarité. Car on ne rit plus de la pairie, je vous en avertis; autant vaudrait faire encore des épigrammes contre l'académie. Un an de discussion, telle que nous la pratiquons aujourd'hui, mordante, acérée, emportant la pièce, impitoyable, sans mesure et sans prévoyance, allant tout de suite aux dernières extrémités de la haine et de l'injure, parcourant d'un vol rapide et le vaste champ de la théorie et les plus obscurs recoins de la personnalité, un an de cette discussion, disons-nous, a épuisé sur ce sujet toutes les libertés et même toutes les licences de la raillerie. Pendant le temps qu'a duré l'incertitude légale sur le sort à venir de l'aristocratie politique, que son existence a été livrée à la controverse, elle a usé tant de bons mots, tant de quolibets, tant de sarcasmes piquans et d'outrages amers, qu'elle reste désormais à l'abri d'une moquerie qui se respecte. Il faut donc s'approcher du lieu qu'elle habite avec ce respect compatissant qu'inspire, aux âmes bien placées, une longue épreuve de la malignité publique, exercée sans ménagement et supportée avec résignation. Car la popularité n'apporte pas là ses bruits caressans, ses ardentes sympathies, ses crédules admirations et ses applaudissemens frénétiques. Tout ce qu'on peut espérer de mieux quand on y a sa place marquée, c'est la trêve de l'indifférence et la paix de l'oubli.

Heureusement pour nous qu'à ce monument s'attachent d'autres souvenirs, d'autres habitudes et des pensées plus innocentes. Pour les bonnes d'enfans, les jeunes mères et les rentiers, ce sont de frais ombrages ou les rayons d'un soleil vivifiant, selon que la saison a des ardeurs ou des rigueurs à corriger. Pour les artistes, les étrangers, les désœuvrés du dimanche, et surtout pour les soldats de la garnison de Paris, gens aussi amateurs de tableaux qu'il en soit au monde, c'est un musée, une succursale du grand Louvre, une exposition continue, ce qui équivaut presque toujours à un refuge contre le mauvais temps. Voilà donc déjà bien des caractères différens affectés à ce séjour, indépendamment de sa destination politique, et l'on peut, en quelque sorte, tourner long-temps autour de la Chambre des pairs, avant d'être atteint par les idées plus sérieuses que réveille cette portion de la trinité législative, toute meurtrie encore du débat où elle vient d'être engagée.

Et d'abord n'est-ce pas une chose à remarquer que cette obstination traditionnelle du langage populaire qui a maintenu à ce palais le nom d'une province que se disputent aujourd'hui même deux puissances querelleuses et jalouses, entre lesquelles je ne choisirais pas volontiers, un roi têtu et un peuple en révolution ? Vainement Marie de Médicis, en faisant bâtir, il y a plus de deux siècles, une habitation qui lui rappelât la splendeur du logis paternel, avait baptisé d'avance « hôtel de la reine douairière » cette demeure qu'elle allait bientôt échanger contre une prison, et dont le regret devait la suivre dans un long exil. En vain fut-il appelé ensuite « palais d'Orléans » par Gaston de France, lequel n'est pas la tige de la branche cadette, comme le disent certains généalogistes de journaux, ce que je note ici à dessein pour qu'il ne vienne en l'idée de personne de réclamer cet héritage. Acheté par Louis XIV (1); concédé par

---

(1) Il y a une anecdote assez curieuse sur cette acquisition.

Louis XVI à celui de ses frères qui nous donna plus tard une charte à ronger; transformé en maison d'arrêt, alors que les cachots laissés par le despotisme ne suffirent plus au règne de la liberté; occupé par les cinq rois de la république; conquis par le héros du 18 brumaire qui bientôt, le trouvant trop étroit pour sa future majesté, voulut y parquer son troupeau de sénateurs; octroyé à la pairie héréditaire par la restauration et laissé par la révolution à la pairie viagère; il a conservé, à travers toutes ces phases et ces changemens de locataires, la vieille appellation d'un hôtel dont la dernière pierre a disparu, deux cents ans avant nos jours. On s'est refusé successivement à le nommer le palais de Monsieur, le palais directorial, le palais du Sénat conservateur ou celui de la Chambre des pairs, comme si

---

Quand elle fut consommée, le roi en parla au procureur-général. « En quel nom V. M. a-t-elle acheté le Luxembourg? dit le magis-
» trat. — Au mien, répondit le roi. — Eh! bien, repartit le procu-
» reur-général, V. M. a eu tort; car dès ce moment il appartient à
» la couronne. Puisque V. M. désirait gratifier le duc de
» Chartres, il fallait l'acquérir en son nom, au moyen de quoi, il
» vous l'aurait cédé en échange du Palais-Royal dont vous voulez
» assurer la propriété à sa famille. » Ce pauvre Louis XIV n'entendait rien aux affaires. Il aurait fait un mauvais roi-citoyen.

c'étaient là des titres qu'il faudrait tôt ou tard oublier, pour lui garder celui d'une illustre famille, depuis long-temps éteinte, qui a fourni des rois à l'Europe et des serviteurs à nos rois. Ceci soit dit en passant, à l'usage de ceux qui, le lendemain des commotions politiques, n'ont rien de si pressé que de changer l'inscription des rues et des édifices, dans l'espoir d'imposer leur célébrité d'un jour à la mémoire des peuples. Ce qui s'y grave le mieux, au contraire, ce sont les souvenirs dont elle a perdu l'origine.

A présent que l'œuvre de Jacques Desbrosses a regagné en partie, par le laps de quelques années, cet air de vétusté dont l'avait privée le regrattage consulaire; c'est un bel et noble aspect que celui de ces bâtimens, d'un style à la fois élégant et sévère. Notre bonheur a voulu que la jouissance n'en fût jamais confiée à ces mains, maladroitement travailleuses, qui veulent laisser partout les traces de leur funeste activité, et ne se contentent pas à moins d'avoir gâté un monument, ou tout à fait anéanti la pensée qui l'a produit. Le palais se déploie à nos yeux avec les proportions et l'ordonnance que lui avait données le génie du créateur. Le jardin seul s'est dédommagé par d'utiles conquêtes, faites sur un terrain monacal, des pertes qu'il avait éprouvées. Resserré maintenant du côté où l'on avait eu l'intention d'établir la foire Saint-Germain, il s'étend par une belle allée jusques vers l'Observatoire, entre deux pépinières qui semblent rester là pour rappeler la vocation laborieuse des Chartreux. Avec moins de majesté et une distribution moins régulière que les Tuileries, le jardin du Luxembourg a certainement plus de coquetterie et de variété. Son joli parterre, encaissé dans une bordure de gracieuses terrasses, d'élégans balustres et de talus fleuris; ses arbres, jeunes encore, mais qui rapprochent leur feuillage en forme de berceau; ses bosquets de rosiers, ses allées, ses quinconces ornés de statues, meublés de bancs et peuplés de maisonnettes, offrent peut-être la promenade la plus agréable qu'on puisse trouver dans cette ville si obstruée de bâtimens, si dégarnie de verdure, si empuantie de ruisseaux, si bruyante de circulation, si avare d'espace, d'air et de silence. Que si vous me demandez pour qui tous ces frais d'agrémens, pour qui tout ce luxe de soins, je serai forcé de convenir que le caprice, qui règne en maître dans notre cité, n'a pas conduit de ce côté-là le flot des oisifs ou des mondains; que jamais la mode ne vient y étaler ses fantaisies nouvelles; qu'on y marche à son aise; qu'on s'y repose sans risque d'être étouffé; qu'on y rêve, qu'on y regarde, qu'on y respire, qu'une femme jolie peut même s'y montrer sans obtenir seulement l'hommage d'une impertinente curiosité; qu'enfin, dans notre civilisation d'aujourd'hui, un tour de Luxembourg n'est pas une chose qui se propose et qui s'accepte. La population du faubourg est la première à déserter ce beau parc préparé pour elle. Aux jours et aux heures de désœuvrement et d'exercice, elle va se mesurer avec l'autre rive, aux lieux étroits ou encombrés qui servent de rendez-vous commun, se confondre parmi les habitans des quartiers plus favorisés, et abdiquer son caractère ultra-séquanien dans le pêle-mêle des costumes, des mœurs et des figures. Voilà pourquoi l'*omnibus* de Saint-Sulpice fait fortune. Les étudians eux-mêmes, cette jeune milice des écoles rangées dans le voisinage, dont on pouvait attendre au moins un peu de gaîté bruyante et de joyeuse cohue, ont abandonné la grande allée où ils venaient autrefois, en groupes insoucians, échanger de rians propos et des querelles frivoles comme leur âge, leur intelligence et leurs intérêts Maintenant, ils sont je ne sais où, mais je ne les trouve plus ici. Ce qu'on y rencontre encore, et ce dont se compose le fonds inamovible de la promenade; ce sont des vieillards, qui, après avoir rempli leur part dans les devoirs de la vie, sont allés chercher la retraite dans un quartier tranquille; qui semblent se délecter en comptant heure par heure ce court intervalle de loisir, placé entre la captivité des affaires et celle des dernières souffrances. Ce sont des enfans qui jouent, des nourrices qui allaitent, des bonnes qui s'ennuient, des mères qui s'inquiètent, de simples familles qui s'assemblent au pied d'un arbre pour reprendre la conversation du foyer, des gens studieux qui cherchent à s'instruire dans un livre nouveau, d'autres plus avisés qui se servent d'un journal pour aiguiser leur opinion et donner le fil à leurs discours. Il n'est pas jusqu'à cette porte obscure, placée dans un coin du jardin, et communiquant par un sentier en pente avec la caserne des vétérans, garnison cassée de cette enceinte pacifique, soldats usés veillant à la garde de nos vieux hommes d'état, qui n'inspire le sentiment de la concorde et du repos. Tout semble prendre dans ce lieu un air patriarcal, une teinte des temps antiques; et l'illusion ne cesse pas lorsque vous lisez sur une petite boutique, auprès du théâtre de Bobineau, cette inscription où se mêlent si agréablement les souvenirs anciens et les besoins modernes : « Aux délices de l'âge d'or: pommes-de-terre frites. »

Il fut un temps cependant, et bien rapproché de nous, où ce paradis (qui a ses limites à la rue d'Enfer) avait pris un aspect formidable; où de noires palissades, couvertes d'inscriptions menaçantes, entouraient l'espace qui sépare le petit Luxembourg du grand palais; où, à travers les fentes de ce mur mobile, on voyait s'ajuster en charpente quelque chose de semblable à la décoration d'un cinquième acte dans nos drames modernes, des cellules grillées, des guichets et des corps-de-garde; où le soldat-citoyen patrouillait, sombre et pensif, dans ces allées paisibles, ne sachant s'il devait joindre sa voix à des cris de vengeance, ou se compromettre au profit de la justice. Il y eut de quoi effaroucher toute la population ordinaire du jardin quand l'émeute y rassembla ses groupes sinistres, quand le canon vint y rouler sa terrible protection, quand le bivouac y établit ses feux et son vigilant sommeil. Ce fut une alarme bien chaude pour la rue Notre-Dame-des-Champs, et dont tressaillit la Grande-Chaumière du Mont-Parnasse. Aujourd'hui encore, devant la façade du palais et sous le cadran solaire, vous entendrez raconter les épisodes de ces journées, avec cette simplicité de récits et cette modeste appréciation des périls qu'on admire dans les bulletins de l'état-major. Mais enfin tout est rentré dans l'ordre, et la Cour d'assises des ministres ne fait plus peur à personne. On sait qu'elle n'instruit que contre les mauvais succès, qu'elle ne poursuit que les gens à terre, qu'elle ne fait que libeller les arrêts de la victoire et qu'elle juge seulement les condamnés de la fortune.

Si du jardin nous pénétrons dans le palais, nous trouverons, d'un côté, cette galerie que décora jadis le fécond pinceau de Rubens, et le salon où furent rangées les toiles peintes par Lesueur pour le petit cloître des Chartreux, quand ces religieux en firent présent au roi; de l'autre, les petits salons qui portent encore le nom de Joseph Vernet, quoique ses marines soient allées aussi remplir les vides laissés sur la muraille du Louvre par les représailles de la conquête. Là s'est abritée la gloire vivante de notre école, celle qui peut, si le cœur lui en dit et si elle se porte bien, venir en personne jouir de l'admiration qu'elle inspire. L'exposition du salon, quand toutefois elle a lieu, est un essai seulement. Celle-ci est la ratification, le témoignage du succès, un avant-goût d'immortalité dont on peut se donner le plaisir chaque dimanche, alors que les portes s'ouvrent aux curieux. Ce qu'il y a de meilleur, c'est que tous les ouvrages du génie n'en sont plus à l'attente des acheteurs et à l'espérance d'un marché, chance assez mauvaise par l'économie qui court. On aime à savoir qu'il y a quittance de tous ces chefs-d'œuvre dont les greniers sont encombrés, et qui viennent là se montrer à tour de rôle, suivant le caprice de l'ordonnateur ou la convenance du temps. Au moment où je parle, la préférence est pour les batailles. La galerie est devenue singulièrement belliqueuse; on n'y voit partout que monceaux de cadavres, longues files de prisonniers, escadrons se précipitant à travers la poussière et la fumée. C'est à faire venir l'envie des victoires.

A présent que nous avons visité les alentours, montons hardiment ce noble et large escalier, bordé de faisceaux, de trophées et de grands capitaines, qui conduit à la Chambre des pairs. Nous ne nous arrêterons pas à demander si cet appareil militaire, qui servait autrefois d'avertissement et d'excuse à la docilité des législateurs, si ces lames de sabre, ces pointes d'épée, multipliées à dessein, dans la main des guerriers où parmi les symboles de la conquête, pour rappeler aux dignitaires de l'empire de quelle puissance et sous quelle condition ils tenaient leur grandeur, si tout ce luxe de gouvernement campé convient le moins du monde à une assemblée de sages, délibérant à loisir et en parfaite assurance sur les modifications qu'une longue expérience réclame dans les lois de la veille. La décoration du sénat conservateur est demeurée au sénat conservé, qui a le bon esprit de ne rien changer à son logis, sauf quelques ornemens de circonstance comme chartes, portraits en pied, bustes, drapeaux, armoiries, sermens, devises, et autres bagatelles dont le garde-meuble est approvisionné. La Chambre des pairs a toujours sa salle des gardes, où les statues des grands hommes de l'antiquité instruisent aux vertus républicaines le piquet de service ; sa salle des messagers d'état, dans laquelle je ne sais quel malin architecte a placé une jolie figure du Silence dirigeant son geste expressif du côté où doit s'engager la lutte des opinions ; sa salle des conférences, ornée d'une large toile allégorique, dont la figure principale (1), repeinte à plusieurs reprises, se détache, brillante de couleurs toutes fraîches, sur un fonds banal terni par les années. Enfin, toute mutilée qu'elle est de son hérédité, et veuve de ses dotations, appauvrie des collègues qu'elle a perdus et peut-être de ceux qu'elle a gagnés, elle s'asseoit encore là où siégeait ce sénat-aïeul richement rétribué pour son obéissance, et cette chambre-mère où la place des enfans était marquée sur le coussin

---

(1) Autrefois Bonaparte, puis la France fleurdelisée, maintenant la France en domino.

paternel. Elle y revoit sans rire, car la pairie est d'un sérieux imperturbable, plantés autour de son bureau, avec une mise en scène digne du Cirque-Olympique, ces drapeaux jaunes, ces étendards de la vieille Autriche, conquis une première fois à la face du ciel sur l'ennemi vaincu, et reconquis de nouveau, dans le fonds d'une cachette, sur les rats qui allaient achever l'ouvrage des balles. Ici, l'enceinte a peu d'étendue, le plafond peu de hauteur, les distances sont faiblement ménagées. Les spectateurs, suspendus dans une légère galerie sur la tête des votans, semblent être admis à une sorte de familiarité dont on sait qu'ils ne voudront pas abuser. On est averti dès l'abord, que dans ce lieu, ne doivent pas se faire entendre les violens éclats de l'éloquence tribunitienne, que la voix des orateurs doit y prendre un son grave et plein, une accentuation modérée, ce médium de la bonne compagnie, auquel on a besoin de se former lorsqu'on s'est exercé ailleurs. Les interruptions elles-mêmes, cette ressource bruyante de l'impatience qui se communique et de la contradiction qui se cotise, partent de trop près pour être offensantes et tumultueuses, pour s'élever comme un orage de quelque coin obscur, et jeter à travers les argumens un tonnerre de cris inarticulés. L'espace manque pour la tempête des passions, et il y a tout juste ce qu'il faut de place pour le débat des affaires. S'il arrive que, dans la chaleur de son enthousiasme progressif ou répressif, l'autre chambre ait voté quelque mesure à laquelle il ne manque qu'une légère prévoyance, comme serait, par exemple, la possibilité de l'exécution, vous pouvez être sûr de trouver ici des têtes froides et calmes, blanchies dans le métier de tailler, d'alonger et de rogner les lois, qui découvriront aussitôt cette petite inadvertance. Car, à l'exception de quelques jeunes héritiers qui ont porté le deuil à temps, vous ne compterez sur ces chaises de velours que des hommes vieillis par les emplois, habitués aux révolutions, résignés à tous les changemens qu'elles leur imposent, prenant et déposant volontiers les titres dont chaque régime les a revêtus, laissant à juger s'ils ont meilleure grâce sous le ruban de couleur rouge que sous le cordon de moire bleue, et toujours prêts à faire le sacrifice de leurs affections quand le bien de l'état l'ordonne.

Aussi a-t-on vu quelle joie ç'a été parmi ce peuple de France nouvellement rendu à la liberté, et qui la comprend si bien, lorsqu'il a obtenu, non sans peine, non sans grand renfort de menaces et d'outrages, que la pairie ne serait plus transmise par succession, qu'il ne se formerait pas de familles apportant, dans l'exercice de cette haute dignité, l'influence telle quelle de leur position, et l'indépendance d'un vote dont elles ne seraient redevables qu'à la loi du pays ; lorsqu'il a été décidé que cette fonction viagère serait mise à la disposition du pouvoir, comme les décorations et les préfectures, sous la seule condition de renfermer ses faveurs dans des catégories où personne, je crois, n'est bien sûr de ne pas se trouver. Encore quelques essais du choix guidé par la capacité, et l'on finira peut-être par croire qu'il y avait moins de hasard dans le droit réglé par la naissance.

LA

CHAMBRE DES DÉPUTÉS.

CHAPITRE VII.

———

A ce nom seul, les différens commentaires du système social, les interminables débats de cette obstination compacte que nous appelons notre opinion, les haines, les affections, les ressentimens, les espérances des partis, se réveillent et s'agitent. Il semble qu'on ne puisse s'approcher d'un tel lieu que pour prendre sa part d'émotions dans la lutte qui va s'ouvrir, que pour s'animer davantage dans la conviction sous laquelle on s'est rangé, que pour retremper en quelque sorte sa foi au feu des discussions. Il semble encore qu'on doive y apporter une disposition hostile ou favorable pour les divers côtés de la salle, et chercher sur quelle figure d'orateur, sur quelle tête d'homme d'état on pourra placer cette provision de blâme ou d'admiration que la polémique des journaux nous a fournie. Eh bien! on ne trouvera ici rien de tout cela. Ma fantaisie à moi est de prendre la politique là où elle est moins préparée, moins attendue, partant plus naïve, plus vraie, plus libre, plus soudaine. Tenez-vous donc pour averti que vous n'en trouverez pas un seul mot dans ce chapitre. S'il vous en faut absolument, si ces longues feuilles, avec leurs trois colonnes noircies sur leurs quatre faces, que vous déployez chaque matin, ne suffisent pas à vos besoins; si vous craignez de passer quelques heures chez vous sans y voir arriver la politique sous la forme d'une visite amicale, ou d'une candidature qui s'humilie, ou d'un pamphlet à domicile, ou d'une souscription patriotique qui sollicite votre offrande, ou d'un mémoire d'ouvrier qui s'excuse d'être pressant, mettez-vous en chemin ; allez à vos plaisirs, à vos affaires, ou suivez, si vous l'aimez mieux, l'instinct nonchalant de votre promenade, et n'ayez souci de chercher la politique. Vous la rencontrerez assez tôt ; elle vous heurtera, vous saisira au collet, vous sautera aux yeux, vous entrera de force par les oreilles. L'aboiement enroué du crieur que la révolution a démuselé, l'énigme dessinée et coloriée qui pend aux fenêtres du marchand d'estampes, et dont la vue gratuite pourra bien vous coûter votre montre ou votre mouchoir, la longue affiche du libraire, la chanson du carrefour, jusques aux petits enfans qui demandent du sang en jouant à la fossette, tout cela servira de commentaire à votre texte favori. Car la politique est partout, aux halles, à la bourse, au théâtre, du rez-de-chaussée jusqu'au toit, et surtout dans la loge du portier; hurlant dans les rues, ergotant au Palais, dissertant à l'Académie, s'assoupissant dans un cabinet de lecture, se groupant autour de la marchande de lait, faisant cercle devant la cheminée du banquier, criant à tue-tête, parlant à voix basse, gonflée de phrases, et faisant curée de noms propres. Or, c'est encore un de mes caprices qu'aucun nom propre ne figure dans ce volume. Je n'ignore pas ce qu'il y a de séduisant à montrer des majuscules qui se détachent de la page imprimée, et attirent aussitôt le regard sur une personnalité offensante ou laudative. Je sais tout le parti qu'on peut tirer de deux ou trois syllabes que l'admiration ou la malignité ont placées dans toutes les bouches; je sais avec quel bonheur une phrase d'enthousiasme ou de satire se résume par un nom connu; parmi ces noms, je n'ignore pas lequel va bien à l'épigramme, lequel se trouve tout porté dans un éloge; comment on appelle la loquacité intrépide, comment la mobilité d'opinion, comment l'ambition désappointée qui s'irrite, comment l'ambition satisfaite qui renie ses anciennes fraternités; et pourtant pas un mot qui indique un homme ne s'échappera de ma plume.

D'ailleurs n'avez-vous pas le tableau figuratif de la Chambre? là vous trouverez chaque nom, depuis le plus célèbre jusqu'au plus ignoré, enfermé dans son étroit espace, ne tenant pas plus de place sur le papier qu'une boule, de quelque main qu'elle tombe, n'en occupe dans le scrutin. Consultez-le à loisir ; seulement ayez bien soin de lire la note précautionneuse qu'y a mise le rédacteur, pour éviter toutes les réclamations; car il sait comme on est susceptible dans cette enceinte où sa voix commande inutilement le silence. Cette note donc vous apprend qu'il ne faut rien conclure du nombre des députés rangés dans le côté droit, et même dans le centre droit. La plupart s'y sont jetés faute d'autres siéges. Sur ces bancs, veufs de ceux qui les ont foulés jadis, on ne s'asseoit que pour ne pas rester debout, de mauvaise grâce, en protestant de son mieux, en faisant des signes d'intelligence à ses amis dont on est séparé par toute la largeur de l'arène, par toute la ligne des huissiers. Le camp des vaincus est pestilentiel.

La résolution étant prise de n'aborder aucune question politique et de ne nommer personne, on demandera ce que vient faire ici la Chambre des députés, portion remuante du gouvernement, centre de toutes les discussions, foyer où les passions s'allument, sol brûlant dont la chaleur est en même temps féconde et meurtrière pour les réputations. Je répondrai que la Chambre des députés appartient au tableau de Paris, comme monument d'abord, puis comme réunion d'hommes, comme spectacle enfin ; qu'à ces titres divers, les arts, la morale, la curiosité même, ont chez elle droit d'entrée, d'observation et, s'il y a lieu, de critique, sans être obligés d'adopter une couleur, d'apprendre un mot de ralliement, de choisir un côté pour se placer. Les partis se dessinent sur les gradins : on leur permet de se mêler dans les tribunes.

Pour commencer donc, lorsque vous arrivez de la place Louis XV, ou Louis XVI, ou de la Concorde, ou de la Révolution, car l'émeute ne s'est pas prononcée là-dessus, vous trouvez, au bout du pont que surchargent douze grands hommes, une façade postiche, placée au derrière d'un édifice ; façade de style antique comme tous les monumens modernes. Au pied des degrés, deux statues de femmes sont debout, quatre hommes sont assis, tournant les dos au monument. Vous appellerez les femmes la Justice et la Sagesse, la Modération et la Fermeté, la Force et la Prudence, l'Action et la Résistance, comme vous voudrez, ce sont bagatelles de la porte. Les hommes, autant que permettent encore d'en juger les traces de la pluie qui les a noircis, et les oiseaux perchés sur leur front ou nichés dans leurs manches, sont l'Hôpital et Sully, Colbert et d'Aguesseau, figures monstrueuses que le temps a délabrées pour faire réparation au goût. Or, ces degrés qui ne conduisent à rien qu'à des escaliers obscurs, ces colonnes sans jour, ce portail sans entrée, ce luxe d'architecture qui ne sert qu'à échafauder les curieux lorsqu'il y a cortége ou feu d'artifice, tous cela vous annonce l'enceinte mystérieuse où se débattent, de deux à cinq heures, dans la mortesaison, les intérêts du pays, où l'on fait, bon an mal an, une vingtaine de lois, et où l'on va gagner de la capacité pour arriver aux fonctions publiques.

Mais ce n'est là que la petite porte de l'édifice, quelque chose comme ces issues obscures de nos théâtres du boulevard par lesquelles on monte aux gradins populaires. L'entrée majestueuse est par la place; comment la nomme-t-on encore?

par la place où je vous disais tout à l'heure qu'un piédestal attend en vain la statue de notre Lycurgue. Là se trouve le portique corinthien ; la cour d'honneur séparée, par une voûte, de l'héritage des Condé ; le perron en pente douce qui invite les députés à prendre voiture ; le péristyle tout neuf où la royauté nouvelle se tient debout sur un piédestal, en grand costume et dans l'attitude du serment. Tout cela est ouvrage encore frais, à peine séché, éclatant de blancheur et riche d'ornemens. L'architecture s'en est donné à cœur joie comme prévoyant que c'était là peut-être la dernière occasion de construction fastueuse. Aussi faut-il dire que le projet de ce travail n'appartenait pas au temps qui l'a vu se finir. Il datait d'un autre règne, d'une autre monarchie, d'une autre charte, d'un autre état social, d'une autre position financière, de trois ans au moins. La première pierre en fut scellée au mois d'octobre 1829, par les mains d'un ministre de l'intérieur.

Supposez qu'une longue suite d'années passe sur ce monument sans le détruire ; qu'il soit établi assez solidement pour vivre plusieurs générations d'hommes, qu'aucun caprice d'architecte ne démontre la nécessité de le rebâtir encore, qu'aucune fureur populaire ne vienne le renverser jusqu'en ses fondemens (il faut prévoir tous ces cas dans le temps où nous sommes), qu'il tombe enfin de vieillesse au bout des siècles dont on lui a promis la durée, survivant à tous les événemens, à toutes les révolutions dont il doit être le théâtre; ne sera-ce pas, pour ceux qui interrogeront ses ruines, une trouvaille curieuse, un grave sujet de méditations, que de découvrir, sous cette pierre qui alors sera la dernière, le nom de celui qui l'a posée, ministre pendant trois mois d'une monarchie qui n'avait plus que neuf mois à vivre. Non; je ne vois qu'une chose qui mérite davantage le sourire amer du philosophe, c'est le mot « à perpétuité » écrit dans une loi de proscription, ou une protestation de dévouement consignée dans une adresse.

Ce péristyle dont je vous ai parlé conduit les députés par de larges et beaux couloirs à la salle de leurs séances, qui vient enfin de se révéler dans tout son luxe, avec ses murs diaprés de marbre, ses colonnes à chapiteaux d'or, son double rang de tribunes drapées d'étoffe rouge comme les loges de nos théâtres, son plafond décoré de peintures et d'écussons où l'on distingue avec la lorgnette le profil des grands législateurs, ses banquettes à dossier d'acajou, ses gradins garnis de tapis soyeux, enfin cette toilette élégante du lieu qui fait ressortir quelquefois d'une manière fâcheuse le négligé de ses hôtes. La salle a repris sa forme semi-circulaire; la tribune, le bureau et le fauteuil sont revenus à leur place sans éprouver de dommage par le déménagement. Derrière le président a été plaquée sur le mur une sorte de façade que dominent quatre statues anonymes, et sur le fronton de laquelle on a écrit, pour que personne ne se trompe à la loi qui nous gouverne, « Charte de 1830 ». Plus bas, aux deux côtés, s'avancent deux autres statues que vous saurez cette fois être la Liberté et l'Ordre public, car elles portent chacune leur nom gravé en lettres d'or. Je vous préviens que la Liberté est une charmante grisette; mais pourquoi l'Ordre public n'a-t-il pas un bonnet à poil?

Tant il y a donc que la Chambre des députés a maintenant un logis noble et splendide. Mais l'histoire conservera le souvenir de ce modeste hangar qui va disparaître sous le marteau, de ce fragile réduit que le dernier gouvernement avait élevé la pour représentation nationale, citadelle de bois qui a battu en brèche le vieux bâtiment des Tuileries ; d'où est partie, comme une fusée incendiaire, l'adresse des deux cent vingt-un ; où l'on a rédigé en articles, formulé en amendemens, fondu en charte, les résultats de la victoire populaire ; où l'on a fait un roi et défait une partie. Il y avait dans cette humble baraque quelque analogie avec les idées de destruction ; nous verrons si nos députés trouveront d'autres inspirations dans l'éclat et la solidité de leur nouvelle demeure.

Si vous avez l'intention d'assister à ce spectacle de l'après-midi, je suppose que vous êtes muni d'un billet et que vous n'êtes pas tenté de faire la queue, à l'exposition du vent du nord, devant cette petite porte que garde un vétéran, et qu'assiége une foule de curieux qui vont s'entasser dans la tribune publique. Encore bien que la part des spectateurs ait été doublée, les priviléges travaillent toujours pourtant à rétrécir l'espace livré au public vulgaire qui achète son plaisir par sa patience. Mais il n'est pas que vous ne soyez ou ancien député ou conseiller d'état, que vous n'ayez un ami dans le corps diplomatique, une connaissance dans la maison du roi, une recommandation auprès des questeurs; en ce cas vous serez bien placé, à votre aise, sans vous hâter beaucoup plus qu'un député menacé de l'appel nominal. Si tout cela vous manque, contentez-vous des billets pour les tribunes réservées qu'on distribue chaque jour aux membres de l'assemblée; mais alors dépêchez-vous, hâtez votre déjeuner, car les pères, les frères, les cousins, les amis des orateurs sont là en force et vous disputeront la première banquette. Ici je ne parle pas aux dames; elles ont leur place spéciale dans des loges bien disposées, de manière à voir et à être vues. Les questeurs savent leur Ovide.

Maintenant vos regards se portent avidement sur ces banquettes de drap vert devant lesquelles se dresse un petit pupitre. Comme il n'est pas deux heures encore, et que la séance est indiquée pour midi, vous les trouvez dégarnies, et vous avez le temps d'inventorier le mobilier de la salle. Le détail n'en est pas long.

Un fauteuil et un bureau pour le président, quelques drapeaux, douze chaises, quatre tabourets et deux messagers. Ces derniers meubles méritent pourtant bien quelque attention. De mémoire d'assemblée délibérante, on ne les a pas renouvelés. Je ne crois pas qu'ils fussent au Jeu de Paume. Mais ils ont reçu la poussière de l'Assemblée nationale, de l'Assemblée législative, de la Convention, des Cinq-Cents, du Corps législatif, de la Chambre des députés, de la Chambre des représentans, des cinq législatures qu'a essayées la restauration, de celle qui l'a renversée, de la Chambre actuelle enfin ; Dieu me fasse grâce si j'en oublie ! Il n'en a coûté qu'un léger changement de l'étoffe dont ils sont couverts. Naguères c'était du velours ; aujourd'hui ce n'est plus que du drap, avec galons tricolores et frange dorée. Respect à ces vieux débris qui ont vu tant d'hommes et d'événemens ! S'ils pouvaient parler, ce seraient de terribles témoins.

C'est le cas de vous occuper du président, puisque le voici depuis long-temps à sa place, attendant que l'assemblée se garnisse, et arrangeant par ordre les amendemens entassés devant lui. Le président n'est pas un homme, un orateur, un député, c'est plus que tout cela; c'est le réglement incarné. Les conditions naturelles de l'emploi sont un sang-froid inaltérable et une bonne poitrine. Il faut qu'il ne se laisse étourdir par aucun tumulte, échauffer par aucune passion. Il doit fournir, sur-le-champ, à chaque cas son article, à chaque difficulté sa solution, à chaque témérité son frein, faire, empêcher, conduire, réprimer : et tout cela sans phrases, sans discussion. Car, sur un banc qu'il connaît bien, veille un censeur impitoyable, une espèce d'anti-président, qui ne lui passe rien, et qui, battu de vingt rappels à l'ordre, n'en est pas devenu plus traitable. Or, les moyens de répression qui appartiennent au président sont au nombre de trois : le couteau d'ivoire, la sonnette et le chapeau. Le couteau d'ivoire, qui meurtrit sans cesse le bureau, sert pour les petites occasions, quand le silence n'est troublé que par la conversation de trente ou quarante membres, ce qui est rare. La sonnette, ou pour mieux dire la cloche, joue un rôle plus important. Lorsqu'elle a retenti pendant cinq minutes, vous êtes presque sûr d'entendre la première interpellation qui doit renouveler le bruit, et alors la cloche de recommencer, jusqu'à ce que la fatigue des oreilles ait vaincu l'impétuosité des langues. Le chapeau est la ressource extrême, l'article 14 de la vieille Charte, l'état de siége de la nouvelle, le coup d'état appliqué aux délibérations. Placé sur la tête du président, il annonce que l'ordre est tout à fait détruit, que la discussion est impossible, que la voix du réglement est étouffée; il s'élève comme un signe de détresse, comme le sauve-qui-peut de la dignité et de la raison. Un jour il s'est vu que le gouvernement représentatif tout entier fut arrêté dans son mouvement, faute d'un chapeau. On n'en trouvait pas sur le bureau, point par terre. Il n'y avait dans toute la salle qu'un bonnet de soie noire, encore prenait-il sa part de l'agitation. Enfin arriva du dehors le feutre sauveur. Malheureusement le garçon de la Chambre l'avait choisi trop large; il avait pensé qu'un président doit toujours avoir la tête forte.

A présent les députés sont en nombre. Vous

les avez vus arriver un à un, deux à deux, en groupes, terminant leur entretien commencé ou entamant une conversation nouvelle au pied de la tribune dont un orateur s'est emparé, montant lentement à leurs siéges, donnant le bonjour à leurs amis, pourchassés en vain par la patrouille noire des huissiers qui les invite à prendre leurs places. Quand ils seront tous assis, moins une quarantaine de membres qui ne se reposent jamais, qu'on voit incessamment monter, descendre, aller de l'un à l'autre, de la droite à la gauche, du centre aux extémités, colportant le mot d'ordre, offrant partout des échantillons d'amendement, véritables mouches du coche parlementaire; quand ils seront tous assis, vous ai-je dit, vous pourrez juger la physionomie de la Chambre. D'abord vous regretterez sans doute, comme moi, la suppression du costume. Le costume peut être une distinction au dehors; au dedans il rétablit l'égalité. Il efface des disparités choquantes. Il dissimule des négligences ou des recherches de toilette qui jurent et s'accusent entre elles. Sous l'habit uniforme, quelle qu'en soit la coupe, la couleur, l'ampleur, la broderie, se cachent et se confondent les défauts de la taille et les fantaisies de l'habillement. On n'est plus vieillard ou petit maître, élégant ou rustique; on est député, on est en scène, on joue son rôle.

Une chose qui a de l'importance, c'est de connaître l'âge moyen des membres qui composent l'assemblée, et, à ce propos, je vous dirai une anecdote du Palais qui a toute la gravité requise pour notre sujet. Les magistrats étaient sur leurs bancs; l'avocat suait sang et eau pour se faire comprendre. Tout à coup il voit le chef du tribunal compter l'une après l'autre chaque tête de juge, et dire avec résolution à son voisin : « Nous sommes en majorité ». L'avocat se croit jugé et s'arrête. « Continuez, lui dit le président, on ne s'occupe pas de vous ». La chose était vraie; le débat avait pour objet le dénombrement des têtes poudrées qui se trouvaient à l'audience, et l'avantage était pour les cheveux à la Titus.

La même expérience faite sur les bancs de la Chambre vous montrera un abaissement notable dans l'âge des législateurs. Notez bien que je ne parle pas cette fois de la poudre; car c'est chose convenue que cette coiffure appartenait exclusivement, aussi bien que la goutte, à l'ancien côté droit; de même qu'au côté gauche les jambes fermes, les cheveux épais et les moustaches, comme vous le pouvez voir sur toutes les caricatures. Dès lors plus de côté droit, proprement dit, plus de poudre; aussi n'en voit-on quelques restes qu'à l'extrême gauche. Mais l'âge peut être indiqué par la nuance plus ou moins affaiblie des cheveux. Or, je le déclare, après avoir fait le dépouillement des masses avec toute l'attention scrupuleuse que peuvent avoir les quatre secrétaires se pressant à la tribune pour juger d'une seconde épreuve, j'ai trouvé qu'en mettant d'un côté les têtes chauves, les cheveux blancs, les perruques, les cheveux entièrement gris, et ce qu'on peut reconnaître de faux toupets, les têtes qui portent une suffisante quantité de cheveux, avec leur couleur et leur racine, sont en majorité. D'où vous pouvez conclure qu'il y a progrès vers la jeunesse, et tirer les conséquences que vous voudrez.

Après cela ce n'est pas moi qui vous dirai quelle dose de plaisir vous retirerez de la séance. Cela dépend du sujet qu'on aura dû y traiter, et du hasard aussi quelque peu. Car il ne faut pas se fier tout à fait à l'ordre du jour, et refuser l'occasion d'une place dans les tribunes, parce que le bulletin annonce quelques discussions sans intérêt, comme une loi d'impôt ou de recrutement, un article qui dispose de nos enfans ou de nos écus. Le scandale a ses enfantemens subits et capricieux de même que ses avortemens. Souvent, du sein de la délibération la plus languissante, il jaillit une interpellation qui réveille la moitié de l'assemblée, qui porte l'agitation dans tous les rangs, qui rappelle, comme le son du tambour, tous les députés épars dans la salle des conférences et dans les couloirs. Mais ces accidens ne peuvent pas se comparer aux émotions d'une séance indiquée à jour fixe, d'un cartel accepté d'avance, pour lequel tous les témoins sont convoqués. C'est alors qu'on est serré sur les bancs, qu'on s'entasse dans les tribunes. Si surtout le combat est de nature à n'avoir pas d'issue, si les résultats des opinions contraires, les convictions nées de la lutte, ne peuvent pas se dénombrer dans le scrutin, il n'y a pas de raison pour qu'on en finisse, et il y en beaucoup pour que cela dure.

Car personne ne veut laisser le dernier à son adversaire; il faut bien que chacun écoule son discours, vide son sac de rancune et de reproche. Et puis les questions arrivent les unes sur les autres. Les reparties amènent des explications, les épigrammes des récriminations. Le fait personnel, avec sa susceptibilité et son intarissable apologie, vient se jeter à la traverse. Il se multiplie, il pullule, il s'élance de tous les bancs. C'est ce qu'on appelle le soir, au foyer de l'Opéra, une séance intéressante. Il y avait autrefois une journée consacrée aux épisodes, que les habitués appelaient le jour du sabbat. C'était le samedi, quand arrivait le rapport des pétitions. Mais leur importance a bien diminué depuis que la Chambre a repris l'initiative des lois. Le métier de pétitionnaire est un métier perdu; la concurrence des propositions l'a tué.

Là, comme partout ailleurs pourtant, il est besoin de quelque pratique pour comprendre les effets produits par certaines paroles, par certaines conventions de langage, qui vont directement à leur adresse, qui font crier aussitôt la partie blessée, ou caressent délicieusement une prévention. Il y a des mots qui ont le pouvoir d'irriter, de soulever les passions; d'autres qui sont assurés de l'adhésion générale, qui excitent tout à coup le brouhaha de l'approbation; d'autres enfin qui provoquent infailliblement l'hilarité. Le grand art est de les jeter à propos, de les distribuer avec prudence, de préparer un reproche par une satisfaction, de livrer une proie aux opinions qu'on veut entraîner. Tant pis pour ceux qui font les frais de la précaution oratoire! D'ailleurs, il faut bien le dire, tous les discours qui partent de la tribune ne sont pas faits pour l'assemblée qui les écoute. Il en est qui montent tout droit à ces trois loges placées en face de l'orateur où plusieurs écrivains sont courbés sur des pupitres. C'est là que bien des phrases sont lancées comme sur un tamis pour rebondir au loin. C'est là aussi que se fait la distribution de la renommée, qu'on obtient la faveur de ces parenthèses louangeuses qui interrompent si agréablement le fil d'une harangue. Enfin c'est là que trouvent un généreux secours les éloquences qui trébuchent, et que des périodes boiteuses vont se refaire, pour paraître le lendemain, dans un journal ami, redressées et marchant d'un bon pied.

Mais voilà qu'il se fait tard. Les regards se sont portés depuis long-temps sur une des deux pendules, et toujours sur celle qui avance; car l'influence du lieu fait qu'elles sont rarement d'accord. Les cris « à demain » s'élèvent de plusieurs points de la salle. Ceux qui ont obtenu que la discussion continuerait sortent les premiers. Les ministres sont partis. Devant le pont Louis XVI sont rangés trois ou quatre voitures, attelées de maigres haridelles, avec de vieux laquais au chapeau bardé de galons d'or, et portant la livrée de la Chambre. Après avoir promené tout le jour les femmes des secrétaires et les petits-enfans des questeurs, elles viennent chercher le soir les maîtres que le scrutin leur a donnés pour six mois. Le reste des députés, à peu d'exceptions près, s'en va dîner à pied, qui dans sa famille, qui chez le président de la Chambre, qui chez les ministres dont il regrette qu'on ait diminué le traitement, qui dans un bon hôtel, qui chez un modeste traiteur où son indépendance garde l'incognito. Heureux tous, quand les Tuileries ne sont pas encore fermées, ou quand la consigne n'est pas trop sauvage ! J'ai vu un député se présenter à la grille, portant sous son bras le budget, j'entends le budget imprimé et broché en papier gris. Le garde national, effrayé de la grosseur du paquet, lui barrait le chemin avec son instinct de contribuable, et l'honorable membre allait être obligé de tourner autour des fossés, si le caporal du poste, homme intelligent comme ils le sont tous, ne se fût empressé de crier à la sentinelle : « Laissez entrer monsieur; » le budget passe toujours. »

L'HOTEL DES FINANCES.

CHAPITRE VIII.

Puisque le budget passe, vous êtes sans doute curieux de savoir où il va. Eh bien, venez vous placer sous le verdoyant berceau de tilleuls qui ombrage la terrasse des Feuillans; et là, tout en respirant l'air mêlé de poussière que vous envoie la rue de Rivoli, arrêtez vos regards sur cette large façade d'un seul morceau, percée par le bas de quarante-sept arcades, où sont échelonnés cinq étages de croisées; et mesurez encore, par les deux rues qui l'encadrent, la profondeur de ce bâtiment, uniforme et serré comme une caserne, épais et massif comme une prison. Si vous êtes spéculateur en terrains, gros marchand retiré du commerce, ou entrepreneur de maçonnerie, vous serez émerveillé de ce qu'un pareil édifice pourrait rapporter de location, dans le quartier des hôtels garnis, avec une exposition et une vue qu'on saurait bien faire payer. Si vous avez la prétention d'être savant, je vous apprendrai qu'à cette place s'étendaient autrefois, depuis la rue Saint-Honoré, de vastes jardins appartenant à une communauté de capucins qui avaient une porte de communication jusques dans l'enclos royal ; et, pour peu que vous soyez en veine de gaîté, il y aura beaucoup à rire sur le caprice du temps et des révolutions, qui est venu inscrire les noms des champs de bataille à l'angle de ces allées où des moines promenaient leurs rêveries. Que si vous êtes simplement artiste, je ne dis pas architecte, obligé par métier de couper et de poser l'une sur l'autre dans un espace donné, le plus grand nombre possible de cages à nicher des hommes; si vous avez, veux-je dire, le plus faible sentiment des convenances, des formes et des proportions qui doivent se trouver dans un édifice destiné à un usage public, vous comprendrez difficilement pourquoi je vous oblige de faire halte en face de cette grande maison. Mais si vous êtes créancier de l'état, pensionné de l'état, salarié de l'état, saluez d'un air gracieux l'hôtel où l'on paie; vous êtes devant le ministère des finances.

Car le budget est là renfermé tout entier. Du rez-de-chaussée jusqu'aux combles, la machine aux calculs, montée pour toute une année, fait mouvoir des milliers de mains armées de plumes qui enregistrent les revenus et expédient la dépense. Là, l'impôt arrive par tous ses canaux et s'écoule par toutes ses issues. Le cœur n'a pas une fonction plus importante dans l'économie du corps humain que cette masse de bâtimens n'en exerce dans le mouvement social. En effet, la centralisation s'y est en quelque sorte concentrée. Paris était trop grand, ses différens quartiers trop éloignés l'un de l'autre pour l'action financière du royaume. Elle perdait du temps à ramasser ses bordereaux épars dans cinq ou six succursales où se logeaient commodément ses délégués. Elle a mieux aimé se gêner, se mettre à l'étroit, pour avoir tous ses matériaux sous la main, tous ses ressorts sous les yeux, tout son personnel à portée du commandement, de la surveillance et du blâme. Enregistrement, domaines, douanes, forêts, loterie, contributions indirectes, toutes ces dépendances du revenu public qui se donnaient les airs d'administrations souveraines, ont repris leur place subalterne, au grand chagrin des directeurs-généraux qui n'ont plus de logement pour leur famille, et des premiers commis qui ont vu leur importance reléguée dans les mansardes. Si la Poste et la Monnaie tenaient moins de place, on les aurait amenées ici ; mais leur comptabilité s'y trouve. Par ce moyen, on voit tout d'un seul regard ; rien ne se dérange, rien ne se perd, rien ne s'égare; excepté, par-ci par-là, quelques caissiers qui disparaissent en emportant les écus de la caisse ; mais les chiffres restent, c'est un grand point; et, après plusieurs mois de recherches, on sait à peu près à combien peut se monter un déficit.

Ce bâtiment a, comme toutes les hôtelleries ministérielles, ses habitans inamovibles et ses hôtes passagers. Là aussi c'est en descendant les degrés de la hiérarchie administrative que vous trouverez quelque solidité dans les existences, quelque certitude de vieillir dans le logis où l'on s'est habitué. L'instabilité et le péril sont au sommet. Je ne sais combien de ministres a déjà vus passer le portier ; car on ne dit plus le suisse, par respect pour la victoire de juillet. Cependant les figures nouvelles se présentent ici moins qu'ailleurs. On parvient rarement à ce ministère ; le plus souvent on y revient. Toute la science financière de notre époque paraît reposer exclusivement sur trois ou quatre têtes, entre lesquelles les changemens de système politique et les révolutions sont obligés de choisir. On ne voit pas là, comme ailleurs, arriver un matin en citadine quelque promu de la veille, inconnu même aux garçons de bureau, dont les commis ne prononcent le nom qu'en hésitant, quelque homme de néant, improvisé homme d'état par l'adroite jalousie d'un collègue, qui vient débarquer au beau milieu de la voûte avec femme, enfans et paquets, le chapeau et le parapluie à la main, pour prendre possession de son département. Ceux qui montent à ce premier étage sont presque toujours de vieux routiers, accoutumés à la faveur comme à la disgrâce, qui connaissent les êtres de la maison, qui en savent par cœur toute la distribution : les salons d'apparat autrefois si peuplés, la salle à manger des grands festins, maintenant, dit-on, sans danger pour la conscience des députés, l'élégant boudoir qui attend toujours une jeune femme de ministre, et ces petits appartemens où la puissance fait des économies en famille depuis qu'on a rogné son traitement.

Le reste de l'hôtel appartient aux bureaux. Or, on vous a déjà, sans doute, appris la vie maussade, uniforme, et pourtant aventureuse de l'employé qui, pour un modique salaire, vient chaque jour, à la même heure, courber son corps, fatiguer sa main, et anéantir sa pensée sur un travail ingrat, dont le résultat lui échappe ;

passe à ce métier plusieurs années dans l'espoir d'une augmentation, et perd à la fin son gagne-pain par une réforme. On vous a fait parcourir plus d'une fois toute l'échelle de cette population cloîtrée, soumise à des règles invariables, à des devoirs sévères, mais qui s'élargissent pourtant et deviennent plus faciles, par une singulière proportion, à mesure que les profits s'accroissent. N'allez pas vous aviser cependant de plaindre les hommes enrôlés dans un pareil service; car ce sont les heureux du siècle, et n'entre pas là qui veut. Si vous saviez combien il faut de protections, de démarches, de sollicitations, pour obtenir une de ces chaises couvertes en cuir où s'endort un commis, en attendant qu'il lui vienne l'inspiration d'un chiffre à placer ou d'un bordereau à remplir! Combien de jeunes prétendans, tout frais sortis de leurs études, ou rebutés par les premiers dégoûts d'une carrière difficile, réclament, avec toutes les recommandations de leur parenté, l'agréable emploi d'additionner, de formuler et de transcrire pour le compte du gouvernement! C'est qu'il y a du moins ici quelque chose de réel et d'assuré, un petit bénéfice, sans autre charge qu'un peu de résidence, et dont on touche le revenu à la fin du mois; c'est que les professions où l'on se pousse par le talent sont toutes encombrées de célébrités en titre qui ne veulent pas déguerpir, et de bruyantes ambitions qui essaient de se faire passage; c'est que les charges qui s'achètent sont en petit nombre et hors de prix : c'est que les capacités abondent et que les débouchés manquent, qu'il y a mille vocations et mille appétits pour une seule part de réputation et de fortune. De là cette affluence qui se presse aux portes des ministères, qui sollicite la faveur insigne d'y perdre son temps sur un pupitre, d'y éteindre sa jeunesse dans l'attente presque toujours trompée d'un tardif avancement. Car ce n'est pas par cette voie qu'on arrive aux postes élevés de la bureaucratie, aux canonicats administratifs. Le chemin est trop long, trop embarrassé; mais on y parvient de plein saut en partant d'un journal ou d'une coterie. De deux concurrens pour une place subalterne, le plus certain d'être un jour chef de division n'est pas celui qui se voit admis à prendre ses degrés. Il y a plus à parier peut-être en faveur du candidat éconduit, pour peu qu'il ait de l'audace, de l'activité, de l'entregent. C'est absolument comme à la queue des spectacles, si tant est qu'il y ait encore queue aux spectacles. Ceux qui marchent à leur tour n'entrent pas; et les premières places sont pour ceux qui se précipitent, qui bousculent les gendarmes et escaladent les barrières.

De tout cela il résulte que l'ordre des employés a perdu ces anciennes mœurs, ces croyances traditionnelles, ces façons de vivre qui le faisaient reconnaître autrefois. Le commis n'est plus ce pauvre diable si exact, si ponctuel, si empesé, si discret, qui avait foi en ses chefs, qui respectait son métier comme un sacerdoce, qui n'élevait jamais un doute audacieux sur l'intelligence de son supérieur, qui ne trouvait rien de beau, rien de grand, rien d'utile, hors de son occupation régulière, qui s'extasiait devant une belle page d'écriture rédigée, corrigée, mise au net, copiée, vue, approuvée, contrôlée par sept mains différentes; qui servait d'horloge à ses voisins lorsqu'on le voyait sortir et rentrer aux heures du travail et de la liberté; qui s'abstenait de rire tant que durait la semaine, faisait son maigre repas en silence, et végétait avec dignité.

C'est maintenant un homme du monde, presque toujours pourvu d'un talent agréable, comme de chanter la romance ou de jouer la contredanse sur le piano, quelquefois un homme d'esprit, capable de s'associer pour un vaudeville; qui s'éclipse, dit-il, qui s'enterre, qui abdique ses facultés intellectuelles pendant une partie de la journée; le premier à se moquer de son esclavage, à faire bon marché de sa besogne, arrivant au bureau le plus tard qu'il peut, trouvant cent prétextes pour quitter sa chaise, goguenard et anecdotier avec ses compagnons d'ouvrage, brochant sa tâche avec facilité, et faisant des caricatures sur sa pancarte. Aussitôt que quatre heures sont sonnées, il ne lui reste plus rien de son personnage. Un coup de brosse donné à son chapeau et sur son habit, car il est élégant et coquet, et le voilà dégagé de ses chaînes, reprenant ses habitudes de plaisir, recommençant sa vie interrompue, coudoyant son secrétaire général qui ne l'a jamais aperçu, et allant s'asseoir, pour ses deux francs, chez un restaurateur, auprès d'un député qui vient peut-être de supprimer, par une réduction, son dîner du mois prochain.

A présent, si quelque affaire vous amène dans ce lieu, ce n'est pas moi qui me chargerai de vous guider à travers ce labyrinthe infini de corridors, de couloirs et d'escaliers; ce n'est pas moi qui vous indiquerai la porte numérotée de la cellule où vous devez frapper. Mais il est possible que, dans le nombre, vous trouviez un garçon de bureau serviable et poli qui vous répondra, pourvu que vous ne le dérangiez pas dans la lecture du *Moniteur*. Pour moi, qui serais fort embarrassé de dire à un concierge ce que je suis venu faire ici, je n'irai pas plus loin que la salle des rentiers, antichambre propre et commode, où viennent se ranger deux fois par an, sans distinction et sans jalousie, les porteurs de trois, de quatre, de quatre et demi et de cinq pour cent. On avait trouvé autrefois un bien joli mot pour désigner ces honnêtes citoyens qui, après que les emprunts ont passé par les mains des banquiers, achètent, au prix du marché, quelque parcelle de la créance sur laquelle les gros spéculateurs ont fait leur bénéfice, et, une fois possesseurs de leur titre, attendent, non sans inquiétude, le jour où le trésor public les invitera au partage actif de l'impôt.

On les appelait « intéressés dans les affaires du roi, » ce qui ennoblissait leur condition sans l'améliorer; car les rois font parfois de mauvaises affaires. Aujourd'hui ils sont devenus créanciers de l'état, et n'en sont pas toujours plus rassurés. Pourtant l'existence du rentier est agréable. Il ne contribue pas aux charges publiques dans la proportion de son revenu. Il n'a pas à craindre les non-valeurs, les incendies, les réparations, les intempéries, les mauvaises récoltes et les faillites, tous ces accidens qui désolent les propriétaires et les industriels. Il n'a pas d'entretien, pas d'ouvriers et de gardiens à payer. Il ne voit l'administration financière que par son beau côté. Il ne connaît ni percepteur, ni avertissement, ni contraintes, ni garnisaires. Il n'a de rapport avec le fisc que pour donner quittance. La Charte lui dit que la dette publique est garantie, et il voit chaque jour cette dette s'augmenter par des emprunts nouveaux, preuve irrécusable de confiance et de solvabilité. Cependant il n'est pas sans alarme, comme si les Chartes pouvaient jamais mentir. Il se rappelle que la dette publique fut placée une fois « sous la sauvegarde de l'honneur et de la loyauté française, » qu'il fut déclaré « que nul pouvoir n'avait le droit de prononcer l'infâme mot de banqueroute, » et que, peu d'années après, la loyauté française, représentée par le Directoire, fit banqueroute des deux tiers à ses créanciers, en s'abstenant toutefois de prononcer le mot infâme. Il est à peine revenu de la terreur que lui a causée la menace du remboursement. Il frémit encore de ce guet-à-pens qu'on lui avait tendu, en lui montrant d'une main le livre du trois pour cent où son revenu allait être diminué, et de l'autre son capital, dont il ne saurait que faire. Il a également peur des révolutions qui ébranlent et des systèmes qui veulent reconstruire. Et vraiment ce serait conscience que de tourmenter dans sa modeste position, que d'inquiéter sur son avenir semestriel, cette classe inoffensive et débonnaire, la moins embarrassante de toutes celles qu'un gouvernement est obligé de contenter. Car le rentier n'est pas un coureur d'émeutes, un vociférateur de sentimens patriotiques, un frondeur de protocoles, un briseur de réverbères. Il ne rêve ni la conquête, ni la restauration, ni la propagande. La république ne se présente à ses yeux que sous la figure hideuse du tiers consolidé, la branche aînée sous le masque trompeur de la conversion. Il ne demande qu'une chose a la politique, c'est qu'elle lui fasse payer exactement ses arrérages; c'est que tous les six mois, à ce vingt-deuxième jour qu'il connaît si bien, il puisse venir avant l'aurore prendre son rang et son numéro dans la rue, se réchauffer ensuite dans la salle d'attente, où des plumes officieuses lui fourniront sa quittance, et voir s'ouvrir enfin le bureau qui répond à la première lettre de son nom dans quelque ordre qu'elle soit placée. Car il n'y a plus de préférence pour Aaron, plus de longue souffrance pour Yves ou Zacharie; la révolution a remis l'égalité dans l'alphabet. Il ne s'agit donc plus, quand on est pressé par l'épuisement du dernier semestre, que d'être matinal et d'arriver des premiers à cette immense distribution, où l'on voit accourir en même temps toutes les parties prenantes, rentiers de différentes origines, titulaires de pensions civiles, militaires, ecclésiastiques, enfin porteurs de récompenses nationales, nouvelle espèce de dotation, où l'héroïsme se rembourse en écus, et qu'on pourrait appeler la dette consolidée de l'insurrection.

Or, si vous n'êtes ni inscrit au grand-livre, ni appointé, ni pensionné, ni récompensé, il est encore un moyen de participer aux largesses de l'état, et de manger comme un autre votre morceau du budget; un moyen que je me garderais de vous proposer, si l'administration ne savait pas relever merveilleusement tout ce qu'elle touche. Il faut donc vous dire que dans une salle voisine s'ouvre, trois fois par mois, sous l'invocation de la Fortune, vieille déesse classique dont le culte s'est conservé, et sous la présidence d'un conseiller de préfecture en habit officiel, une solennité qui fait palpiter d'espérance et de crainte tous ces adorateurs en guenilles que l'aveugle divinité traîne à sa suite. En d'autres termes, c'est là que se fait le tirage de la loterie; c'est là que cinq numéros sortis de la roue vont faire évanouir tant d'illusions, ruiner tant de projets, et, ce qui est pire, exciter les dupes à de nouvelles tentatives. Sans doute vous ne connaissez rien de si honteux que la loterie. Vous vous étonnez qu'un gouvernement, qui doit représenter aussi la conscience publique, puisse exploiter la plus folle des passions, faire profit d'un vice qui se nourrit de crimes, encaisser sans pudeur l'argent qui lui arrive par cette voie, et vous dire effrontément, à la fin de l'exercice : « L'année a été bonne ; nous avons gagné dix » millions au jeu contre les malheureux, sans » compter encore que le Mont-de-Piété a fourni » les mises, de sorte que nous avons reçu des » deux mains. » Cependant je dois vous apprendre qu'un philosophe chagrin, un censeur atrabilaire, un homme qui avait fouillé dans la fange de Paris, et qui en a décrit toutes les turpitudes (1), s'étant trouvé par hasard législateur, a voté le premier pour l'établissement d'une loterie nationale, où je dois ajouter qu'il obtint une place; ce que je vous dis bien vite, pour m'ôter l'envie de moraliser. Car qui peut se promettre, dans le temps où nous sommes, de n'être pas un jour appelé à faire des lois, et, une fois là, de conserver sa raison ? Ce qu'il y a de certain, c'est que le tirage est chose bonne à voir ; c'est que les cinq fonctionnaires qui prennent place sur l'estrade gardent admirablement leur sérieux; c'est qu'on ne saurait avec plus de gravité peser des étuis vides, les ouvrir à moitié,

---

(1) Mercier, l'auteur du *Tableau de Paris*.

puis tout à fait, y placer des numéros et les fermer à deux reprises ; c'est que les trois enfans qui prêtent leur main novice à cette opération sont déjà, par leur aplomb comme par leur costume, d'excellens garçons de bureau ; c'est enfin que les deux roues, qui complètent, avec ces huit acteurs et le proclamateur des numéros sortans, le personnel de la cérémonie, font honneur à l'ébéniste. Du reste, vous n'éprouverez que pitié à regarder les spectateurs qui viennent s'asseoir sur les banquettes dont la salle est garnie. La caricature, dans ses fantaisies les plus plaisantes, n'invente rien d'égal à ces haillons bizarrement accoutrés, à ces accidens de costume causés par la misère, dont les infatigables poursuivans du quaterne couvrent leur nudité. Mais, le plus triste est que la vieillesse surtout figure dans ce tableau, la vieillesse qu'on voudrait toujours respecter, et qu'il est si pénible de surprendre avilie. Sous des cheveux blancs, devant lesquels Sparte tout entière se serait levée avec vénération, j'ai vu, de deux yeux creusés par le temps, s'échapper de grosses larmes qui se perdaient dans un triple sillon de rides. Le pauvre homme avait encore perdu une mise, et il regardait avec l'air du reproche un livre tout noirci de chiffres, où quelque barême famélique prétendait soumettre les caprices du sort aux règles du calcul, livre infernal qui l'avait trompé, tout comme aurait pu le faire un traité de politique. Il faut reconnaître pourtant que la salle du tirage devient chaque jour moins fréquentée, et, si l'on doit en croire les plaintes de quelques buralistes, voilà encore une branche du revenu public qui menace ruine. Le pauvre se fait économe de ses dernières ressources. Vous verrez que la leçon viendra de ce côté-là, et qu'en s'apercevant que le profit diminue, on s'avisera bientôt de la morale.

Enfin, s'il est bien décidé que vous n'avez rien à recevoir ici, retournez chez vous et n'oubliez pas d'entrer chez le percepteur de l'arrondissement pour solder vos trois douzièmes.

LA BOURSE.

CHAPITRE IX.

—

N'avez-vous pas vu, dites-moi, le cabriolet d'un agent de change partir en même temps que vous de l'hôtel des finances et se diriger vers la place Vendôme, au trot forcé d'un cheval qui voudrait bien se reposer de sa pénible matinée? S'il ne vous souvient pas d'en avoir rencontré le maître dans aucun des bureaux que vous avez parcourus, il faut croire qu'il sort d'un cabinet où vous n'avez pu pénétrer. Et cette supposition ne serait pas téméraire, car il court par le monde de mauvais bruits sur les relations mystérieuses qui existeraient entre le Trésor et la Bourse. Tant il y a que cet accident fort ordinaire nous aura indiqué notre route, et, chemin faisant, nous pourrons vous demander ce qu'a été, dans l'origine, et ce qu'est devenu cet établissement dont le nom a, de nos jours, tant de retentissement et d'influence. La Bourse, dont on rapporte, je crois, l'étymologie à l'enseigne d'un cabaret obscur où s'assemblaient, le verre à la main, les marchands d'Anvers, est, dans toutes les villes commerçantes, un centre de réunion journalière pour les négocians qui viennent y régler leurs intérêts, y négocier leurs effets, y trouver, en un mot, dans un étroit espace et en peu de temps, ces communications faciles et promptes dont les affaires ont besoin. Anvers avait construit sa Bourse dès 1531 ; Amsterdam eut la sienne un siècle après ; celle de Londres fut fondée en 1566, et rebâtie en 1668 ; Paris, qui vient toujours tard, s'en passa jusqu'en 1724, époque à laquelle on lui livra pour cet usage le palais Mazarin. Depuis ce temps, la Bourse a souvent été déplacée. On l'a successivement transportée aux Petits-Pères, au Palais-Royal. Chassée tour à tour de l'église et de l'apanage, elle s'est quelque temps remisée sous un hangar à côté du palais que les maçons lui construisaient, et enfin elle s'est installée chez elle, dans sa superbe demeure.

S'il fallait mesurer les proportions d'un édifice à son utilité, exiger quelque rapport entre les formes d'un bâtiment et les choses qui doivent s'y faire, certes ce luxe d'architecture extérieure paraîtrait tout à fait extravagant. Il y aurait à demander compte de ces quatre rangées de colonnes qui entourent l'enceinte fermée. Mais ce superflu est ici pour l'honneur de l'art, pour l'orgueil de la ville; et le commerce, qui a payé cet ouvrage, a l'habitude de donner quelque chose au dehors; c'est la devanture de sa boutique. Lorsque vous avez monté le magnifique perron qui conduit au Parthénon moderne, lorsqu'on vous a débarrassé malgré vous de votre canne ou de votre parapluie, vous êtes surpris de voir à quel petit espace se réduit, pour l'usage public, le rez-de-chaussée de ce monument qui se présentait immense à vos regards. Mais bientôt des cris inarticulés vous arrachent à la contemplation des grisailles et des écussons où votre tête allait se perdre. Ces cris qui s'échappent du fond de la salle, vous ont peut-être déjà paru ceux d'une émeute, et réveillé chez vous l'ardeur répressive du soldat-citoyen. Rassurez-vous pourtant : ce n'est rien autre chose que la conversation animée, mais pacifique, de soixante agens de change, orateurs au langage laconique et significatif, qui échangent leurs offres de vente et leurs consentemens d'achat. Groupés autour d'un balustre circulaire qui figure assez bien le bord d'une corbeille, séparés de la foule par une forte barrière, vous les voyez se démener, s'égosiller, se provoquer l'un l'autre de la main pour faire accepter des *Belges* ou saisir au passage des *ducats*. Tandis que vous vous émerveillez de ne rien entendre à ces paroles tronquées, si vite comprises par les intéressés, et dont le résultat est aussitôt enregistré sur un carnet, la foule qui vous entoure, et où vous retrouverez demain les mêmes figures à la même place, éprouve mille fluctuations de joie, de déplaisir, d'impatience, de surprise. Un chiffre, que vous avez à peine attrapé à travers cent autres, court de bouche en bouche et met en mouvement tous vos voisins. Puis des mains s'élèvent pardessus la barrière pour arrêter, dans ses continuelles évolutions, je ne sais quelle espèce d'employé à l'uniforme galonné d'argent; les plus familiers lui parlent à l'oreille et le lancent vers l'agent de change qu'ils lui désignent. De petits billets portant un nom tout imprimé partent de tous les côtés et sont fidèlement remis à leur adresse. Tout ce bruit, tout ce manége dure deux heures. Aussitôt que la cloche, avertie par l'aiguille de l'horloge, s'est fait entendre, l'enceinte réservée devient vide en un instant, les agens de change se précipitent dans le sanctuaire impénétrable de leur parquet, et si vous êtes plus habile que moi, vous saurez ce qu'a fait la rente.

Car c'est là maintenant la grande affaire, on peut dire toute l'affaire de la Bourse. C'est là ce qui fait affluer en ce lieu une foule de gens qui n'ont jamais appris ce que c'est que commerce, qui n'ont ni patente, ni crédit, ni comptoir; hommes de cour, hommes d'épée, hommes d'état, hommes de lettres, surtout hommes sans métier certain, sans condition déterminée, mais qui savent, pour toute science, qu'une différence en plus ou en moins dans le cours des effets publics doit produire un bénéfice, et qui comptent, pour se le procurer, sur leur prévoyance des événemens, sur les nouvelles qu'ils ont reçues, sur leur bonne fortune aussi. Or, je parle ici seulement de ceux qu'on voit, qui hasardent leur figure en ce lieu, qui jouent à visage découvert et aux risques de leur réputation, presque toujours dupes des combinaisons secrètes, des associations puissantes, qui se forment dans l'ombre et préparent savamment les chances contre lesquelles la multitude aveugle va se heurter. Et pourtant il y a tant de charme à s'enrichir sans travail, sans peine, sans effort d'entreprise et d'intelligence, sans rien quitter de ses plaisirs et de ses habitudes, sans passer par toutes les épreuves de cette longue patience où s'use la vie d'un homme laborieux, que, malgré tant de sinistres exemples et tant de déceptions, malgré tous les désastres dont cette route est semée, le nombre des joueurs ne diminue pas. Les révolutions elles-mêmes ne font tout au plus que renouveler les figures, en autorisant les perdans de la roulette politique à venir se refaire par une autre espèce de hasard.

Ne croyez pas cependant que tous ces hommes qui s'agitent, se promènent, se croisent ou s'abordent, aient quelque partie de leur fortune engagée dans les fluctuations du cours. La curiosité fournit aussi à la Bourse son contingent de badauds qui viennent y recueillir des nouvelles, parce que c'est l'endroit où l'on en débite, où l'on en fabrique le plus, et qu'un homme de quelque oisiveté dans ce monde ne doit pas manquer d'avoir son événement à raconter. Le grand nombre de ceux qui parcourent cette salle sonore n'a pas une piastre, pas un report, pas une prime sur le tapis, et toutefois c'est parmi ces spectateurs désintéressés que vous remarquerez le plus de mouvement, le plus d'avidité à ramasser les paroles qui courent parmi les groupes, pour préparer ou expliquer une légère variation. Nouvelles politiques, bulletins sanitaires, bruits de guerre ou de paix, changement de ministres, voyages de plénipotentiaires, bons mots de diplomates, retard de courriers qui ont versé dans une ornière, charivaris de province, émeutes départementales ; tout se dit, tout se croit, tout se commente dans le sens du chiffre que le héraut vient de proclamer. Les partis surtout, qui vivent d'illusions et de crédulité, sont toujours là aux écoutes par députation de leurs courtiers ; et quand la Bourse a été ce qu'on appelle animée, quand le cours a varié souvent, vous pouvez compter que Paris est fourni de mensonges pour toute la soirée.

L'ordonnance qui a fondé la Bourse en avait interdit l'entrée aux femmes sous quelque prétexte que ce fût. Il paraît que la prohibition tient encore pour le rez-de-chaussée. Mais la galerie du premier est abordable aux deux sexes. On a pensé qu'il ne fallait priver les femmes d'aucun spectacle. Pourtant, soit que le bruit confus de pas qui se traînent sur le pavé, de conversations à voix basse et de négociations en argot inintelligible, offre en lui-même un médiocre attrait ; soit qu'il y ait peu de distractions à espérer de gens que préoccupe la soif du gain, il est certain qu'il se hasarde rarement le long de ces balustres en pierre, d'où l'œil plonge sur le chapeau des habitués, des visages qui puissent s'offenser de n'être pas regardés. L'instinct de leur puissance avertit les femmes que leur place n'est pas au lieu où règne la passion de l'or ; que, s'il leur sied bien de se mêler parmi les hommes, c'est là seulement où le culte qui leur est dû ne se partage qu'avec de douces émotions, avec des goûts nobles et délicats, dont on peut encore leur faire hommage. On trouve cependant ici quelques spéculateurs en jupons, quelques androgynes de la coulisse dont la figure s'enlumine de dépit ou de cupidité aux divers accidens de la hausse ou de la baisse. Mais ce n'est là qu'une dépravation exceptionnelle, une monstruosité bizarre, un caprice honteux de cet âge qui voudrait encore se rattraper au monde par quelqu'une de ses folies.

Maintenant, écoutez une de ces mille contradictions dont notre état social est rempli. Vous savez que, parmi les négociations qui se font à la Bourse, le plus grand nombre a lieu, d'un côté, sans livraison de la chose vendue, de l'autre, sans aucune envie de l'acquérir ; que tout se borne au compte de la différence entre le prix réglé par le contrat et celui que cette valeur aura au terme fixé pour la liquidation. C'est une chose bien entendue, bien arrêtée, sur laquelle personne n'est incertain; et les gens qui s'y connaissent vous diront que, sans ce commerce factice qui entretient le marché, les effets publics, abandonnés aux rares échanges des rentiers, n'auraient pas d'évaluation connue, que l'état ne saurait jamais où en est son crédit. Dernièrement encore, on a tout-à-fait mal-mené un député qui voulait troubler cet honnête tripotage. Voilà donc des transactions journalières déclarées utiles, indispensables, dont on livre volontiers l'abus à notre censure. Toute la France a les yeux fixés sur les résultats de ces transactions; toute l'Europe en ressent la secousse ; le télégraphe est aux ordres de la Bourse ; les dépêches y rebondissent aussitôt, lorsqu'elles peuvent donner au cours de la rente une favorable impulsion. Tout s'y fait sous les yeux du gouvernement, à l'abri de sa protection, souvent avec son influence, par des agens qu'il autorise; sa police veille à l'observation des réglemens. Cependant la justice ne veut rien entendre à toutes ces affaires ; elle repousse impitoyablement de sa barre tous les plaideurs qui lui arrivent, demandant l'exécution des engagemens contractés sur le bord de la corbeille, au grand jour de la Bourse, à la face des allégories peintes par Abel de Pujol. La Justice et la Bourse sont brouillées à mort. Le parquet des agens de change n'a pas de crédit au parquet du |procureur-général, et le Code ne reconnaît pas le carnet. Au moins, il est bon de savoir, lorsqu'on veut risquer ici son existence et l'avenir de ses enfans, qu'après avoir couru la chance de perdre, vous n'avez qu'une seule garantie du gain que vous pouvez y faire, et cette garantie, ce n'est pas la protection de la loi, c'est la bonne foi des joueurs.

Or, puisque le hasard nous a fait visiter, l'un après l'autre, deux bâtimens tout neufs, ne vous vient-il pas déjà dans la pensée une réflexion singulière ? C'est par des monumens publics que s'expriment ordinairement les idées d'un siècle, que se constate pour l'avenir l'état de sa civilisation. Depuis quarante années, nous avons agité bien des systèmes, remué la société jusques dans ses fondemens, pour en faire sortir quelque création favorable au bonheur et à la liberté des peuples. Avec tout cela, nous avons laissé la royauté dans son ancien palais; la justice dans son vieux manoir; la religion dans ce restant de temples que nous n'avons pas ou détruits, ou vendus. La représentation nationale a long-temps payé son loyer, et attendu ensuite dans une baraque que les réparations de son logis fussent terminées. Nous avons abattu bien des églises; nous n'avons pas fondé un hôpital. Tout ce que nous avons su faire de grand et de durable pour conserver le souvenir de notre progrès social, ç'a été d'élever un hôtel au budget et un temple à l'agiotage. — J'oubliais que l'on construit maintenant des prisons.

LE PALAIS-DE-JUSTICE.

CHAPITRE X.

C'était un bon temps pour les faiseurs d'esquisses, de portraits et de caractères, pour tous ceux qui ont entrepris au détail l'innocent commerce des mœurs, que celui où les divers états de la société se présentaient à l'observation avec des couleurs distinctes, des formes particulières et des habitudes spéciales. Alors il n'était pas besoin de se creuser la tête pour inventer un cadre arbitrairement mesuré, dans lequel il faut encore ajuster des groupes, disposer des scènes, et placer des personnages en saillie. On trouvait partout des lignes de démarcation bien tracées, des cases toutes faites, qui renfermaient une espèce entière et sans mélange. Sur la limite des deux hémisphères qu'on appelait la ville et la cour, division large et profonde qui partageait inégalement le monde social, il y avait sans doute quelques familles incertaines qui aspiraient au changement, et qu'on pouvait surprendre avec profit, les unes dans leur élévation ambitieuse, les autres dans leur obscur déclin. Mais leur transformation même conservait les traces de leur origine. La robe avait d'autres prétentions que l'épée, et n'empiétait pas sur celles de la finance. Dans la seule bourgeoisie, on pouvait remarquer autant de physionomies différentes que de professions et d'industries. Si l'on voulait un métier, on avait aussitôt devant soi toute une corporation, avec son patron, sa bannière, ses coutumes, ses réglemens, ses traditions, et le type général se reproduisait fidèlement dans chaque individu. Il était facile alors de ranger dans une suite de chapitres, sous leur étiquette, tous les élémens de la civilisation, comme les ingrédiens de la cuisine dans les tiroirs d'un épicier, comme les médicamens dans les bocaux d'un apothicaire.

Maintenant ce n'est plus ainsi. L'égalité devant la loi, déclaration politique, dont la vanité s'est chargée d'étendre le commentaire, a produit la confusion morale. Tout est devenu commun à tous, et il n'a plus existé de priviléges, même pour les ridicules. Ce qu'on veut le moins en effet, c'est être de sa condition, faire classe à part, se distinguer, dans le sens étroit et positif du mot. Le niveau pesait sur la tête ; on l'a mis sous ses pieds pour se grandir. On a brisé la barrière qui séparait la ville de la cour ; et, maîtresse une fois de l'espace auparavant réservé au petit nombre, la foule s'est mise à contrefaire pesamment ces allures légères et brillantes, à singer de son mieux ces façons de vivre dont sa jalousie s'était long-temps vengée par la satire. Il n'y a plus de courtisans, a-t-on dit, plus de grands seigneurs; cela signifie que chacun peut jouer ce rôle à ses risques et périls. Ce qui était le droit de quelques-uns est devenu l'ambition de tous. Et puis il est arrivé que l'on a cessé de voir dans l'état de son choix ou dans la profession héréditaire, une sorte de destination exclusive à laquelle on devait donner tous ses soins, borner tous ses désirs, consacrer tout son temps, où il fallait enfermer sa pensée et claquemurer sa vie. Ce n'a plus été qu'un moyen d'existence, une source de revenus, un emploi lucratif de son savoir-faire, un sacrifice accordé à l'envie de s'enrichir ou à la nécessité de soutenir sa famille; non pas une position dont on acceptait le rang, dont on suivait la destinée, sur le patron de laquelle on voulait modeler ses mœurs. Chacun se croit quitte envers le métier qu'il a pris ou les fonctions qu'il a obtenues, lorsqu'il a mis en ordre son livre de recette, lorsqu'il a émargé la feuille des traitemens, et s'échappe bien vite dans le monde avec un air d'importance, de loisir et de liberté.

Tout ceci n'est point dit dans la moindre intention de blâme. A Dieu ne plaise que je veuille censurer ce dont je profite! Mais j'ai voulu vous expliquer pourquoi, la fantaisie m'étant venue de vous montrer les gens qui portent robe, je ne vous ai pas conduit dans le sanctuaire domestique du magistrat, qui pourrait bien être occupé à faire manœuvrer son bataillon; je n'ai pas frappé à la porte de l'avocat, qui vient de partir pour la Chambre; je ne vous ai pas mené chez l'avoué, qui occupe en ce moment à la mairie le fauteuil municipal; mais je vous ai donné rendez-vous au Palais, dans ce lieu où chacun d'eux vient jouer un rôle de quelques heures, et prendre son travestissement. Aussi bien le Palais-de-Justice a-t-il perdu cette réputation de tristesse, de gravité, d'ennui sévère, de formes pédantes, de langage barbare, qui en éloignait autrefois les curieux. On s'est fait jour depuis longtemps à travers ces ténèbres épaisses dont s'entourait jadis l'antre de la chicane. Ce n'est plus ce dédale obscur où l'on craignait de s'aventurer, où l'on entrait pâle d'effroi, traîné par la main avide et sèche du procureur; d'où l'on sortait, après d'infinis détours, amaigri et dépouillé. C'est maintenant un endroit tout frais et assez propre, où l'on voit clair, où l'on parle une langue familière, où l'on rencontre des visages de connaissance, où personne n'a peur ni honte de se trouver, où l'on se ruine moins qu'à la Bourse, où l'on s'amuse presqu'autant qu'au théâtre. Le Palais-de-Justice a son journal aussi, non pas écrit en grimoire, farci de textes, de plaidoiries et d'arrêts pour l'instruction du stage et l'utilité de la requête, mais tourné agréablement comme le compte-rendu d'un spectacle, s'élevant quelquefois jusqu'à la hauteur de la discussion parlementaire; journal mondain, populaire, divertissant, qui fournit des sujets à l'entretien des salons et des anecdotes aux médecins.

L'histoire de cet édifice remonte aux premiers temps de la monarchie. Ce n'est rien peut-être pour une famille; c'est quelque chose pour un monument. Il était une demeure de rois, alors que la simplicité de nos aïeux allait chercher au pied du trône la décision de leurs différens. Quand la royauté délégua ce beau droit à des officiers de son choix, elle ne crut pas devoir se séparer de son tribunal, et fit maison commune avec ses juges. Les trois tours aux flancs arrondis qui masquent l'enceinte de la Conciergerie, la tour carrée où l'ingénieur Chevalier suspend son thermomètre officiel, pour apprendre aux passans combien ils doivent avoir froid, sont les restes de l'édifice bâti par Philippe-le-Bel sur l'emplacement et les débris du château qu'avaient habité Eudes, comte de Paris, et ses heureux successeurs. La justice, qui auparavant courait les champs à la suite des rois, eut alors pour résidence le logis royal. Ce fut seulement lorsque les monarques de la France devinrent plus sédentaires, que ce voisinage de magistrats et de plaideurs, que ce bruit de requêtes, de doléances, d'injures et de récriminations commença à les importuner, et Charles V fut, dit-on, le premier à s'enfuir loin de ce lieu en se bouchant les oreilles; c'est peut-être une des causes qui l'ont fait surnommer le Sage. Tant il y a que, depuis ce temps, sauf quelques cérémonies d'apparat pour lesquelles la cour des rois reprenait possession de la grande salle et de la table de marbre, ce domaine des trois races royales est resté exclusivement à la magistrature, qui s'y est maintenue à travers tous les changemens opérés dans les bâtimens et dans les lois.

C'est par des incendies que le Palais-de-Justice a perdu de cette physionomie antique qui siérait si bien au séjour de l'immuable Justice. Du temps que Louis XIII faisait, sous le duc de Luynes, son premier apprentissage de dissimulation et de vengeance, il arriva une nuit que la flamme consuma la charpente de la vieille grande salle toute peinte d'or et d'azur, ses piliers de bois, ses bancs de procureurs et ses boutiques de marchands, brisa en morceaux sa table de marbre, et dévora des sacs de procès par milliers. Le Parlement rendit un arrêt contre le feu; les plaideurs payèrent une nouvelle édition des écritures, et Jacques Desbrosses éleva sur ses piliers hardis la belle voûte qui couvre la salle des Pas-Perdus. Ce qu'on peut encore regretter aujourd'hui, c'est une suite chronologique de statues qui s'adossaient contre l'ancienne muraille. On y avait rangé tous les rois de France depuis Pharamond jusqu'à Charles IX; et le sculpteur s'était avisé de juger à sa manière leur caractère et leur règne. Les princes mous, lâches, fainéans ou malheureux (c'est tout un, même pour l'histoire), étaient représentés avec les mains basses et pendantes; les entreprenans et les valeureux avaient le coude levé, le bras haut « comme gens qui tendent au ciel. » Il est fâcheux que cette collection de sculpture épigrammatique n'existe plus; on aurait pu la continuer.

Un autre incendie plus récent nous a valu toute la partie du Palais qui donne sur la grande cour, la belle grille dont elle est fermée, son noble perron, sa façade majestueuse, et tout ce luxe d'architecture monumentale qui a le tort ici de promettre un peu trop. Mais ce n'est pas le plus souvent par ce côté qu'on arrive au Palais-de-Justice. Cette entrée ne répond qu'aux quartiers habités par la classe la plus pauvre, partant à ceux qui fournissent le moins de plaideurs. D'ailleurs le temps n'est plus où les magistrats, les procureurs et les avocats s'installaient dans la Cité, dans l'île Saint-Louis, dans le faubourg Saint-Jacques, et se hasardaient tout au plus jusqu'au Marais. Cela pouvait être bon lorsque toute la vie d'un homme était absorbée par un devoir unique. Aujourd'hui qu'un moindre travail a besoin d'une plus grande distraction, la robe se répand sans scrupule dans toutes les parlies de la ville. On trouve des avocats dans le faubourg Saint-Honoré, des juges dans la Chaussée-d'Antin. Les plaideurs n'avaient besoin que de patience; il leur faut maintenant beaucoup de temps et de bonnes jambes. La mule du docteur Tomès suffirait à peine aux courses qu'on doit faire pour solliciter les juges d'une seule chambre; car l'usage de ces indiscrètes visites dure toujours, et il y a des gens qui font venir de province leurs jeunes et jolies parentes, pour s'assurer un gracieux accueil chez les vieux conseillers.

Avant et après l'heure des audiences, rien de plus tranquille que cette longue et noire galerie qui débouche par deux escaliers sur la cour de Harlay, derrière la place triangulaire où l'on a eu la malheureuse idée d'élever un monument à la mémoire d'un soldat. Au temps de Mercier, on voyait dans cette galerie de jolies marchandes, à la mine agaçante, la tête ornée de rubans, faisant commerce de bonnets et de dentelles, et s'entretenant sans crainte avec ces terribles procureurs qu'il appelait des loups en perruques. Aujourd'hui ce scandaleux contraste n'offenserait plus ses regards. Des jouets d'enfans, des livres, des cartons, des pantoufles surtout, garnissent encore les boutiques qui interceptent le peu de jour laissé à ces corridors par les bâtimens voisins. Mais il faut ou que les séduisantes contemporaines de l'observateur morose aient vieilli de quarante années, ou que la beauté ne se soit pas continuée dans les générations; car les clercs eux-mêmes n'y trouvent pas une galanterie à placer.

Dix heures vont sonner; et la voilà qui accourt en chantant, cette troupe légère de la procédure, cette nuée bruyante de cadets enrôlés dans la milice noire; excellente race de jeunes gens, la moins compromise peut-être dans les folles ambitions du siècle, fidèle aux traditions de vie joyeuse et insouciante, de tours malins, de divertissemens à bon marché, que le patron leur raconte dans ses jours de bonne humeur. A peine rentrés du bal où ils ont dansé jusqu'au matin, ou la tête encore pesante du drame qu'ils ont sifflé, le réveil seigneurial de l'avoué les a vus de bonne heure, courbés sur leurs pupitres, et déjà, d'un pied alerte, ils ont parcouru la moitié de la ville, sans être sûrs de ne pas trouver au retour le déjeûner commun dévoré par défaut. Ils ont visité l'étude du confrère, recueilli des signatures, averti le juge, stimulé l'avocat auquel il manque toujours quelque chose; et maintenant vous les voyez, munis de pièces qu'il faut distribuer aux audiences, porteurs de l'argent sacré qui doit s'ensevelir dans le greffe des expéditions, grimpant et dégringolant d'un escalier à un autre, traversant des couloirs obscurs, bousculant les curieux, assiégeant les bureaux, échangeant quelques quolibets avec leurs camarades, essuyant tour à tour les brusqueries du président, du rapporteur, du greffier, du commis, de l'huissier, et se moquant de tous. Si c'était là un métier, je ne sais quel salaire pourrait en payer les peines, les fatigues, les ennuis, les dégoûts. Mais c'est quelque chose de mieux; le commencement d'une carrière, la route qui conduit à un avenir. L'espérance d'un état tranquille, assuré, laborieusement acquis, voilà ce qui les soutient, ce qui les encourage, ce qui les récompense, durant le cours d'un long noviciat, d'un modeste apprentissage. A cette chance, incertaine encore et toujours lointaine, ils immolent sept années de leur jeunesse. Ils entreront tard dans la vie sociale ; ils prendront rang dans le monde à cet âge, où déja mille appétits de gloire et de grandeur se sont éteints dans l'épuisement et le désespoir, où de précoces réputations sont depuis long-temps flétries et fanées. Dans un siècle si avide, si affamé, où l'adolescence se presse si fort d'user toutes ses illusions, où l'on parcourt si vite toute l'existence, ils savent attendre, sous le joug d'un travail ingrat et stérile. Ils n'ignorent pourtant pas qu'à meilleur compte ils pourraient devenir hommes d'état ; car eux aussi, ils ont fait leur rhétorique.

Après les clercs arrivent les avocats, et du premier coup-d'œil vous apprendrez si celui qu'on vous désigne est assiégé de cliens, surchargé d'affaires, encombré de dossiers, ou s'il a pu se livrer paisiblement à la méditation d'une cause isolée. Ne vous fiez pas pour cela à l'énormité du paquet qu'il porte sous son bras ; rien n'est plus trompeur que cet indice. Mais si vous voyez accourir un homme tout essoufflé, relevant les deux pans de sa robe, livrant ses larges manches au vent, demandant de loin ce qu'on fait à l'audience, vous pouvez hardiment parier que c'est un jurisconsulte novice, un débutant, qui compte sur le fracas de son zèle pour attirer les pratiques dans son cabinet. Celui qui a de l'expérience et de l'occupation se hâte plus lentement. Il aime qu'on ait besoin de lui, qu'on l'ait cherché long-temps dans le vestiaire où sa robe restait pendue, qu'une demi-douzaine de clercs viennent à sa rencontre, qu'on lui indique le chiffre de quatre ou cinq chambres où il doit plaider. Il ne s'émeut pas de cet embarras; il sait que les juges ont de la complaisance pour son nom, qu'il risque seulement de faire perdre à un confrère sa matinée. Il répond en souriant qu'il ne peut pas être partout, et, pour recueillir ses idées, il déploie tranquillement son journal.

Car le fort des avocats, c'est la politique. Je vous le dis, encore bien que quelques-uns, et des plus huppés, se soient fourvoyés lorsqu'on a voulu les mettre à l'œuvre. Mais pour un qui n'aura su que faire lorsqu'on sera venu lui demander l'application de ses savantes théories, lorsqu'il aura fallu faire action de son éloquence, vous en trouverez ici cent, deux cents, trois cents, qui vous diront très-disertement ce qu'ils auraient fait à sa place. Aussi est-ce de la chose publique que l'on s'occupe exclusivement dans tous ces groupes qui obscurcissent la grande salle, pendant que le client se tient respectueusement à distance, maudissant en son âme le patriotisme bavard qui épuise en querelles inutiles des forces si précieuses pour la défense de ses intérêts. Et ce qui vous prouvera combien l'esprit de corps se mêle peu à ces disputes, c'est que nulle part les notabilités importées du barreau à la tribune ne sont jugées avec plus de rigueur. A cela près de cette manie, qu'on trouve partout où les hommes se rassemblent, et qui ne paraît ici plus bruyante que parce qu'elle se sert de voix habituées à la discussion, vous remarquerez, entre tous ceux qui portent le titre d'avocats, une cordialité, une facilité de communications, une égalité de rapports, qu'on trouverait difficilement, je crois, dans toute autre profession où l'on se rencontre de si loin. Nulle part la réputation, l'âge, le talent, ne font moins sentir leur supériorité et n'exigent moins de déférence, que dans cette corporation singulière, où les relations sont presque toujours hostiles, où l'on n'est en présence que pour combattre, où les intérêts privés et les haines des partis vont chercher leurs organes, où les fortunes sont si différentes, dont le faîte touche aux positions les plus élevées de l'ordre social, dont les extrémités se perdent dans l'obscurité des plus humbles conditions, et qui conserve pourtant, même à travers les révolutions, le lien idéal de la confraternité.

Maintenant, pour que la lutte des paroles s'engage, il ne nous manque plus que des juges, et à peine avez-vous pu les apercevoir se glissant dans les galeries, traversant rapidement la grande salle, se dirigeant vers le lieu où sont déposés les insignes de leur dignité. Car, voyez-vous? un magistrat, dans un salon, dans la rue, au spectacle, à la promenade, chez le restaurateur, ailleurs encore (les magistrats vont partout), c'est un homme bien ou mal tourné, vieux ou jeune, riche ou pauvre, d'un commerce agréable ou maussade, qui fait de sa personne ce qu'il veut, qui danse, qui joue, qui badaude, qui monte à cheval, qui s'asseoit en *omnibus*, qui lorgne les femmes, qui porte un parapluie, qui s'affuble d'une épée, qui regarde les caricatures, qui marchande des bouquins ou mange des petits pâtés; sans qu'on fasse la moindre attention à lui, sans que la *Gazette des Tribunaux* elle-même songe à recueillir l'occupation de sa journée. Mais au Palais, sous les yeux malins des clercs et les regards inquiets des plaideurs, tout préoccupé du saint ministère qu'il va remplir, le magistrat n'a rien de plus pressé que de revêtir son costume et de se placer sur son banc. Sa liberté d'actions, de gestes, de paroles, ne va guères plus loin que le milieu du Pont-Neuf. Lorsqu'il a tourné le dos à la statue de Henri IV, il appartient tout entier au sacerdoce judiciaire. L'importance de ses fonctions pèse sur sa conscience. Pour s'y élever, il a besoin d'endosser promptement sa robe; et telle est la puissance de l'habit, qu'une fois couvert de bure et de soie, annoncé par la baguette de l'huissier, assis en face de l'auditoire respectueux, il est sûr de garder son sérieux pendant trois heures.

Avec tout cela, il y a dans la magistrature quelque chose de si imposant et de si noble, son action est si puissante sur les intérêts divers dont se compose la société, qu'il n'est pas permis d'en parler long-temps à la légère. Ce serait un bien misérable état que celui où le respect, je dirai presque la foi des peuples, manquerait à ces hommes qui prononcent souverainement sur la fortune des citoyens, qui règlent l'état des familles, qui séparent les époux ou les condamnent à vivre ensemble, qui décident du sort des contrats, qui ratifient ou déchirent la volonté des mourans. Or, c'est ce qui arriverait inévitablement si, pour remplir cet important office, on allait chercher d'autres recommandations que le savoir, l'étude, l'amour de son état, l'application constante à ses devoirs; si, pour tout dire en un mot, la politique, cette commère infernale, qui salit tout de ses caquets, et veut pousser partout ses créatures, allait se mêler dans le choix des magistrats, y porter ses haines, ses préférences, et le caprice de ses petites passions; si l'homme le plus intègre, le plus capable de creuser au fond d'un procès, de débrouiller la vérité parmi les détours de la plaidoirie, était exposé à perdre tout à coup l'autorité dont ses arrêts ont besoin, pour je ne sais quelles accusations niaises avec lesquelles on ameute une espèce de public; si encore chaque parti, en arrivant au pouvoir, s'empressait de jeter sur le banc des juges ses affections de rebut, ses médiocrités, tous ceux dont il n'a pu faire des orateurs, des ministres, des procureurs-généraux, des préfets; et Dieu sait ce qui reste après cela! Ce qu'on a fait de mieux dans ces derniers temps, ç'a été d'enlever à la magistrature le jugement des pamphlets, des journaux, des caricatures, des attroupemens et des conspirations. On cherchait peut-être autre chose ; mais, à coup sûr, on a trouvé le moyen de rendre aux tribunaux leur véritable caractère, et ceux qui ont quelque peu d'avenir dans la pensée, doivent suivre cette voie. Isolez des passions mobiles, éloignez de la contagion des partis, la vraie justice, celle en qui, tous tant que nous sommes, nous avons besoin d'avoir confiance. Reléguez-la dans ces hautes régions où les fantaisies du jour ne peuvent monter. Ne la compromettez pas dans nos disputes. Ne lui demandez pas, à elle, immuable et ferme dans ses principes, d'étudier et de suivre les variations infinies de l'opinion populaire. Confiez-lui le maintien des lois solides, de celles que le passé a déjà éprouvées, qu'une longue expérience ose à peine corriger, et livrez à d'autres mains ces fragiles caprices de législation qui naissent d'une émeute et disparaissent dans un après-midi parlementaire. Alors le corps judiciaire, à l'abri de son inamovibilité, acquerra bientôt cette unité qui lui manque; les ambitions s'y trouveront déplacées, ou se convertiront à leurs nouveaux devoirs. Alors, advenant une révolution, vous ne serez pas importunés par l'affluence des prétendans ; les dénonciations n'auront plus d'échos, les calomnies plus de prétexte. Vous pourrez, à votre aise, changer tout le gouvernement; mais le peuple gardera sa justice.

Parmi tous les gens affairés qu'amène l'heure des audiences, je n'ai pas nommé les avoués, successeurs rians et polis de ces procureurs que la satire et la comédie ont si cruellement traités. C'est que les avoués paraissent rarement au Palais, j'entends ceux de première instance, la partie notable de la profession. Pour ceux-là, les procès ne sont que la moindre source de profits. Le tarif est si mesquin, la taxe si tracassière, les plaideurs si souvent ingrats, que vraiment ce n'est pas la peine de perdre son temps et ses pas, à suivre le sort d'une procédure. L'avoué reçoit la première confidence du débat naissant; il l'emmaillotte de ses premiers langes, le nourrit d'exploits et de requêtes; puis, quand le dossier a l'embonpoint convenable, il le met en sevrage chez l'avocat. Il faut une cause d'éclat, un client d'importance, pour déterminer l'avoué à venir assister la plaidoirie de sa présence. Son temps est bien plus occupé, son habileté se déploie bien mieux dans les négociations du cabinet, dans la diplomatie savante des transactions. Les avoués de la cour royale, qui ont moins d'occasion pour exercer cette industrie, suivent eux-mêmes leurs affaires, se passent de clercs volontiers, se montrent en personne à la barre; et c'est sur eux qu'un magistrat goguenard (car il s'en trouve même sous l'épitoge), peut, au commencement de l'audience, lorsqu'il est en veine de bons mots, exercer sa gaîté ou passer ses humeurs, sans craindre la riposte.

Je vous ai parlé de l'ouverture d'une audience. C'est un moment de tumulte tout à fait inintelligible pour le malheureux plaideur qui entend prononcer son nom, au milieu des interpellations et des cris. Le barreau est encombré d'une foule de clercs qui tirent les avocats par leur robe, pour les prier de prêter leur secours à quelques formules de procédure. La voix tonnante de l'huissier peut à peine dominer le bruit qu'il augmente en demandant le silence. Tout ce tapage, toute cette confusion, est une affaire d'ordre. Il s'agit seulement de prendre rang pour la plaidoirie. Le premier quart d'heure passé, les choses iront d'une façon régulière, et les orateurs auront leurs coudées franches. Ici l'affluence et les clameurs sont placées au commencement. C'est tout le contraire d'une séance législative. La foule écoulée, vous pouvez, si le cœur vous en dit, assister au combat des argumens, des textes et des autorités. Mais vous savez qu'il y en a pour long-temps. La verbeuse faconde des avocats est passée en proverbe, et, quoiqu'ils aient perdu, depuis l'invention du gouvernement représentatif, le privilége de la loquacité, la vieille réputation du barreau ne se soutient pas trop mal, en face de la tribune. D'ailleurs ce défaut général semble une chose acceptée à l'avance. Le juge y compte, et peut-être l'avocat, qui serait le plus disposé à s'en corriger, est-il obligé de reproduire une seconde série des mêmes raisonnemens, quand il voit que le tribunal n'a pas écouté la première. Un autre obstacle encore à la concision des plaidoiries, c'est l'exigence du client qui n'est jamais content, même d'avoir gagné sa cause, lorsque son défenseur n'a pas développé longuement tous les faits inutiles, toutes les circonstances oiseuses, tous les commérages, qui pouvaient la lui faire perdre.

Vers le milieu de la journée, vous aurez à peu près le choix, entre les nombreux prétoires où se rend la justice, et ce sera une bien mauvaise chance, s'il ne se trouve pas quelque part un peu de scandale. Car c'est là ce qu'on peut remporter de ce lieu, lorsque l'on n'est ni demandeur, ni défendeur, ni prévenu, ni témoin. C'est par le scandale que les débats du Palais ont du retentissement dans les salons, qu'il s'y forme des partis pour l'un ou l'autre adversaire, qu'une cause sérieuse, faite pour embarrasser de vieux magistrats, s'y plaide avec suffisance et légèreté dans l'intervalle de deux contredanses, et que de jolies bouches prononcent, en se jouant, une sentence absolue de blâme. La justice du public ne procède pas comme la justice des tribunaux. Celle-ci décide entre les intérêts, après un long examen; l'autre condamne et exécute sur-le-champ les réputations. Cherchez donc, et assurément vous trouverez quelque part des querelles de famille, grande et féconde ressource de la procédure, qui viendront étaler devant vous leurs reproches et leurs récriminations. Rien n'est indiscret, médisant, comme les parens qui plaident l'un contre l'autre; le rapprochement des existences n'a servi qu'à rendre les haines plus profondes, et à leur fournir des armes plus certaines de leurs blessures. Vous rencontrerez encore ces causes affligeantes, triste contre-partie de la noce et de l'épithalame, où viennent se révéler effrontément tous les secrets du ménage, tous les mystères de l'alcove conjugale, toutes les douleurs que les femmes apprennent dans le mariage. Ainsi vos recherches vous auront conduit, tour à tour, dans les audiences de tous les degrés. Vous aurez visité la belle salle de la cour de cassation, où peut-être serez-vous surpris d'entendre, devant de graves magistrats, sous l'image de l'Hôpital et de d'Aguesseau, une discussion sur la compétence d'un conseil de discipline, une dissertation savante sur la tenue du biset, l'autorité du sergent-major, et les convenances du corps de garde. Vous aurez parcouru les cinq chambres civiles de première instance; vous aurez monté l'escalier qui mène aux trois chambres de la cour royale, et au milieu duquel, une inscription laconique, vous rappellera que le salut des peuples est dans les lois; ce qui ne veut pas dire sans doute que l'on sauve les sociétés en faisant des lois nouvelles, mais en respectant celles qui sont faites. Partout vous aurez trouvé le local peint à neuf, les fleurs-de-lys couvertes d'un papier uni, et détachées des coussins, un nouveau buste placé dans sa niche ou sur le bord de la cheminée, les murs dépouillés de ces tableaux qui rappelaient aux consciences leur religion, mais conservant encore les attaches auxquelles ils étaient suspendus, comme s'ils attendaient qu'on votât quelque part le dieu qui doit désormais recevoir le serment des hommes.

Peut-être, pourtant, sur la foi des auteurs dramatiques et des romanciers, êtes-vous curieux d'essayer les vives émotions que produit le spectacle d'une cour d'assises. Peut-être êtes-vous tenté de contempler en face, l'innocence traînée au pied de la justice par la prévention ou la calomnie puissante, soutenue par le courage énergique de ces orateurs qui ont pris en main la défense de l'orphelin et de la veuve. Peut-être votre cœur bat-il d'avance aux accens de cette éloquence persuasive, tendre, sublime, déchirante, qui va tout d'un coup dévoiler la vérité, et faire entrer, par le secours des larmes, une conviction puissante dans l'âme des jurés. Ou bien, encore, vous vous plairez à voir le remords s'emparer du coupable, se faire route dans son cœur et s'échapper en sanglots, livrant ceux qui doivent prononcer sur son sort, au combat douloureux du devoir contre la pitié. Si vous voulez tout cela, retournez chez vous et prenez des livres, je vous le conseille. Mais ne montez pas cet escalier dont la grille est assiégée par un auditoire en guenilles. La justice criminelle n'a pas souvent de ces représentations brillantes. Ce n'est pas que le crime lui manque, le crime qualifié, pour le jugement duquel trente-six honnêtes bourgeois, chaque quinzaine régulièrement, reçoivent du hasard une subite capacité. Au contraire, une cour d'assises ne suffit pas ; il faut presque toujours en échafauder deux l'une sur l'autre, et faire déménager le simple délit. Mais ce n'est que le crime courant et vulgaire, le produit ordinaire et périodique de la misère et du vice, sans physionomie intéressante, sans épisode remarquable, sans couleur tranchée et romanesque. Le vol d'abord, dans ses plus ignobles profits, la violence brutale, la colère sauvage qui frappe et meurtrit, et tous ces détails honteux de la fange sociale, qui fournissent, tous les ans un contingent à peu près égal au recrutement des bagnes et des prisons. Il m'est arrivé de compter quel dérangement avait pu produire dans la propriété, la somme des vols compris sur le tableau d'une session, et j'ai trouvé que chaque année de travaux forcés ou de détention, représentait la soustraction et répondait au déficit d'un écu. On fait mieux avec moins de risques.

Pour peu que ce spectacle des bassesses humaines vous ait affriandé, vous pouvez vous satisfaire dans les trois chambres où siége la police correctionnelle des deux ressorts. Ici encore le vol, mais sur une plus petite échelle, d'une exécution moins compliquée, comme un des spectateurs vient peut-être de le pratiquer dans votre poche. Et puis, ces querelles de carrefour que les voisins auraient crues vidées, après un long échange d'injures, par un coup de poing, un nez saignant, un œil noirci, et qui viennent se renouveler ici, traînant de part et d'autre de nombreux témoins enrôlés au cabaret. Et pour connaître en un seul jour tout ce que la loi punit, tout ce qui se juge, tout ce qui se plaide, vous n'avez qu'à descendre dans le caveau qui s'ouvre à gauche du grand escalier. Là vous trouverez un grave magistrat chargé d'appliquer les peines établies par les ordonnances de police ; un commissaire, revêtu pour cet emploi, de la robe sous laquelle le montrent nos vieilles pièces de théâtre, faisant fonction de ministère public, et réclamant l'amende ou la prison contre ceux qui ont négligé de balayer le devant de leurs portes, ou de faire ramoner leurs cheminées. Je vous ai dit que tout cela se plaide ; car il y a des avocats pour tous les torts, des développemens pour toutes les défenses, et de l'éloquence à tout prix.

Enfin, si votre bonne fortune a voulu que ce jour-là, en face de la grille qui décore la cour du Mai, fût dressé l'échafaud où la justice criminelle expose ses produits, vous aurez suivi un cours complet de notre jurisprudence, vous aurez vu les cinq codes en action, vous aurez fait quelques progrès dans l'étude du crime, et vous serez tout préparé à comprendre la pièce nouvelle.

MON ANCIEN CAMARADE.

CHAPITRE XI.

———

Oh! que c'était un bon temps, lorsque, sous les voûtes sombres et sonores de ce palais que nous venons de parcourir, à travers le flot des plaideurs, des curieux, des clercs et des frileux économes qui viennent prendre un air de feu aux audiences, tous deux en robe noire, tous deux peu chargés de causes, tous deux ayant à occuper des heures perdues pour le profit, ces longues heures de l'attente, si connues de l'avocat au portefeuille flasque dans lequel se joue un mince dossier, mon ancien camarade et moi, nous nous cherchions de loin pour engager au moins une discussion, pour mesurer sur les questions politiques, ouvertes à tout venant, des argumens et des paroles que la clientelle laissait injustement chômer ! Alors nous étions d'autant plus amis que nous nous trouvions de sentiment contraire, d'autant plus nécessaires l'un à l'autre que notre rencontre était occasion de ferrailler.

Je ne vous dirai pas quelle thèse je soutenais; mais lui, comme il parlait bien de liberté ! quel généreux mépris il exprimait pour les faveurs du pouvoir ! avec quelle énergie il faisait valoir les droits de l'homme et du citoyen ! comme il tonnait contre un gouvernement oppresseur, dilapidateur, ombrageux, ôtant toute indépendance à ses agens, incapable de la moindre sympathie pour les talens qui se déclaraient ses ennemis! Parfois, je vous assure, son éloquence entraînante me faisait honte de mes affections, de ma croyance, de mes convictions. Et j'étais obligé, pour me rassurer, de regarder ma boutonnière où ne pendait aucun bout de ruban, d'invoquer à mon aide l'Almanach royal où nulle part mon nom ne se trouvait inscrit. Cela mettait ma conscience en repos. Mais vraiment, de son côté restait l'avantage de la dispute. Encore bien qu'aucun de ses coups ne pût m'atteindre, ils portaient toujours quelque part; ils écornaient une réputation que j'étais obligé d'abandonner; ils faisaient brèche dans les principes par un de ces endroits faibles que l'application met à découvert. Lui, maître de sa théorie, qu'il présentait compacte et vierge, placé sur le terrain avantageux de l'offensive, à l'abri de toute riposte, on ne pouvait l'entamer, et il distribuait sans pitié, à tous ceux qui n'étaient pas de son avis, des reproches piquans, des interpellations amères. Ambition, intrigue, servitude, bassesse, ignorance, tout le vocabulaire de la haine y passait. Tant pis pour le nom propre qui se trouvait au bout de sa phrase.

Et comme il était fort sur la question personnelle ! comme il se drapait sous sa robe, lui qui ne demandait rien aux événemens politiques que le triomphe de la raison, de la justice, de la dignité humaine, qui avait voué sa vie à la défense des citoyens, avec ou sans honoraires, qui traitait avec tant de mépris les déserteurs du chaperon et les transfuges du tableau !

Au demeurant, ses affaires n'allaient pas trop mal. Il avait à sa disposition trois ou quatre journaux qu'il défendait gratis devant la cour d'assises ou la police correctionnelle, et qui, par reconnaissance, toutes les fois que l'occasion s'en présentait, donnaient un coup d'épaule à sa célébrité. Partout où ces journaux arrivaient, on savait au café qu'il était la gloire et l'espérance du barreau, et cela lui amenait de temps en temps quelques pratiques. Il jouissait d'une immense popularité hors du ressort de la Cour royale, et moi qui vous parle, je me suis recommandé de lui à Nantua.

Cela, néanmoins, ne remplissait pas tellement ses journées qu'il ne trouvât du loisir pour s'occuper de la grande affaire, de l'opposition contre le gouvernement. Il était de tous les clubs, de toutes les sociétés, de tous les banquets. Il corrigeait les épreuves des brochures faites à frais communs, et quand un financier avait besoin d'éloquence pour une discussion d'apparat, il lui en fournissait à bon compte.

Maintenant, je vous prie, qu'est devenu mon ancien camarade? Depuis la révolution de juillet, il a disparu. Je l'ai demandé vainement à son vestiaire, où déjà les vers sillonnent sa robe; à la bibliothèque, où il débitait devant la cheminée de si beaux discours; à la loueuse de journaux, qui le connaissait pour son lecteur le plus assidu; aux huissiers, aux écrivains, à la buvette, partout. Comme il était fort chaleureux dans ses paroles, j'ai craint un instant qu'il n'eût poussé le patriotisme jusqu'à l'action, et qu'il ne me fallût aller pleurer sur sa tombe, au Louvre, au marché des Innocens. Devinez qui m'a rassuré sur son compte, qui, le premier m'a donné de ses nouvelles! Un gendarme; j'entends un gendarme du nouveau régime, car tous ceux de l'ancien ont été tués. Ce brave homme conduisait en prison un ancien complice de mon ancien camarade, et, lorsque j'ai prononcé le nom de celui-ci, il a porté respectueusement la main à son schako.

Je n'ai pas besoin de vous apprendre où il est, mon ancien camarade, je serais beaucoup plus embarrassé de vous dire où il n'est pas. Ce qu'il y a de certain, c'est qu'il n'est plus où il était. Dont bien me fâche, car je ne sais plus avec qui causer dans la salle des Pas-Perdus; et voilà pourquoi j'ai cessé d'y aller, quoique ce fût assurément un bel emploi de la vie.

Il m'a semblé pourtant le reconnaître ces jours derniers. En quel lieu? vous ne le saurez pas. Mais comme il était changé! D'abord il avait acquis un embonpoint prodigieux, et c'était l'année même où tout le monde avait maigri, plus ou moins; l'année du choléra et de l'état de siége. Puis il portait sur la poitrine deux de ces décorations qu'il appelait naguères les hochets de la servitude. Il gesticulait à l'étroit dans un de ces brillans habits qu'il nommait impoliment une livrée. On s'inclinait devant lui, on l'interrogeait humblement, on l'entourait avec un maintien flatteur. Et cependant il ne riait pas, il prenait tous ces empressemens au sérieux ; il se prenait au sérieux lui-même.

Mais ce qui aurait pu me tromper beaucoup plus que le changement de sa personne, de son attitude, de ses vêtemens, c'était le changement de son langage. C'était de retrouver dans sa bouche, avec la même facilité d'élocution que je lui avais connue, des principes tout différens de ceux auxquels il m'avait habitué; de l'entendre employer, pour sa propre utilité, pour sa justification, les mêmes argumens qu'il avait pulvérisés de sa voix foudroyante lorsque moi, chétif, je les alléguais pour l'excuse d'un autre. C'était de voir qu'il formulait, en faveur du pouvoir, la contre-partie des phrases qu'il avait débitées au profit de la liberté. Et tout cela, de bonne foi, je vous jure, naïvement, par le seul effet de l'air qu'il respirait maintenant, comme s'il n'avait jamais vécu ailleurs, ni fait autre chose.

Tant il y a que j'ai perdu mon ancien camarade, perdu à jamais. Car, quoi qu'il lui arrive, dût-il revenir où il m'a laissé, ce qui serait le mieux pour lui, je ne le reverrai plus tel qu'il était. La meilleure partie de nos entretiens nous manquera. Nous ne pourrons plus parler gouvernement. Ce serait une personnalité.

L'INSTITUT.

CHAPITRE XII.

—

Puisque le voisinage nous y invite, parlons un peu de l'Institut; vous êtes prévenu déjà que ce doit être avec un certain respect. Nous passerons donc rapidement devant l'Hôtel-des-Monnaies, et nous arriverons au palais qui reçoit, jusqu'à concurrence d'un nombre déterminé, les représentans officiels de la science, de la littérature, de l'érudition et des arts; en face de ce Louvre où Louis XIV installa jadis leurs devanciers, où ils rentrèrent à la suite de leur collègue le premier consul, et d'où on les a renvoyés depuis en leur facilitant la traversée par un pont de mesquine structure. Devant nous se déploie la fondation orgueilleuse de Mazarin, ce collége somptueux, à l'élévation duquel il voulut que fût employé ce qu'il appelait ses épargnes, « puisque, grâce à ses soins, son royal » pupille n'avait plus à soutenir de guerre où » il pût l'aider de sa bourse ». C'était là sans doute une fastueuse générosité de mourant, et il y avait peu d'humilité à rassembler autour de son tombeau soixante enfans de nobles familles, choisis dans les provinces que quatre nations avaient été forcées de rendre ou de céder à la France. Mais enfin, c'était une restitution, sorte de pénitence tardive dont il serait bon d'entretenir l'exemple. Après un siècle et demi, ce legs de la seconde Eminence a reçu, comme la Sorbonne, monument de son prédécesseur, une autre destination. Le nom du testateur ne reste plus attaché qu'à la vilaine rue dont ces bâtimens sont bordés, et à cette bibliothèque, don plus utile de sa munificence, qu'il avait recouvrée du pillage pour la rendre noblement à l'étude.

C'est donc là que se réunissent, aux jours fixés pour leurs travaux, les quatre classes de l'Institut, ou les quatre Académies, comme vous voudrez, formant les différentes branches d'une vaste famille que l'instinct de Louis XIV avait devinée, mais que notre siècle, plus savant, a rangée par numéros. Il faut maintenant en ajouter une cinquième, tout nouvellement retrouvée, à laquelle vraiment on n'avait pu songer, tant que la France a seulement compté des moralistes comme La Bruyère, ou des publicistes comme Montesquieu. Cependant, comme elle n'a pas encore pris rang par ses œuvres, et qu'elle se compose en grande partie d'académiciens cumulards, d'illustrations à deux fins, nous n'avons à nous occuper que des anciennes. Or, de ces quatre Académies, il en est deux qui font assez peu de bruit, comme d'honnêtes femmes qu'elles sont, dont on accepte la supériorité sur parole, dont on ne conteste pas les renommées, dont on reçoit docilement les arrêts, moins peut-être par conviction, que par la nécessité où l'on serait de faire quelques études pour se donner la joie de l'insubordination et de la critique. C'est là, en effet, l'avantage des professions renfermées dans un petit nombre de concurrens, qui ne sont pas en quelque sorte livrées au commerce, dont les contestations sur les choses du métier, et les disputes entre les affiliés, auraient un si faible retentissement dans le monde, trouveraient si peu de sympathie et d'intelligence, qu'il vaut bien mieux s'arranger à l'amiable, se faire des concessions pour obtenir des complaisances, et se passer, sans bruit, la réputation à charge de revanche. De là sans doute est demeurée, même dans notre époque mutine et tracassière, cette vénération traditionnelle pour la vieille Académie des sciences, cette estime commandée par des talens supérieurs, et dont profitent peut-être à la sourdine quelques médiocrités. De là encore une espèce de tolérance forcée qu'on accorde à l'Académie des inscriptions et belles-lettres, dont pourtant l'érudition mystérieuse commence à se répandre, et pourrait bientôt tomber dans le domaine de la controverse ; assemblage singulier de savans qui poussent leurs recherches dans des voies opposées, confusion de langues et de travaux, Babel de commentateurs, congrès polyglotte, où l'on s'entend d'autant mieux que l'on se comprend moins, où l'on se rapproche d'autant plus volontiers que l'on ne se touche pas, où le Grec fait bon accueil à l'Arabe, qui ne repousse pas l'Arménien, lequel donne la main au Turc pour embrasser le Chinois.

Et toutes ces politesses restent à peu près lettre close pour le public; pendant qu'il n'est pas d'oisif passant son temps dans les salons de cette exposition dont s'effraie la liste civile, ou fredonnant un air au sortir de l'Opéra, ou voyant tomber le voile grisâtre d'un monument nouveau, ou s'arrêtant devant la porte du marchand d'estampes, ou comptant avec admiration le nombre de pierres dont se compose un édifice, qui n'ait son jugement à porter sur les ouvrages des peintres, des musiciens, des sculpteurs, des graveurs et des architectes, qui ne demande compte de ses choix à l'Académie des beaux-arts, qui ne puisse prendre parti pour un maître ou pour une école, qui ne veuille faire acte de connaisseur, après avoir reçu le matin d'un journal son système et ses préférences. Mais qu'est-ce encore que cela auprès des tribulations qu'a éprouvées l'Académie française, cette compagnie dont les productions, les choix et les jugemens appartiennent à tous ceux qui savent lire, et surtout à ceux qui ne lisent pas? auprès de ces attaques, dont deux siècles de durée n'ont ni tari la source, ni renouvelé la forme, et dont elle ne se repose aujourd'hui qu'aux dépens de son influence et de sa dignité, parce qu'il s'est fait une diversion de l'épigramme en faveur des orateurs et des hommes d'état; tranquille parce qu'on la néglige, et obligée d'emprunter secours à la politique, qui a débauché son auditoire, pour obtenir au moins un peu de bruit?

Car c'est toujours l'Académie française ou, si vous l'aimez mieux, la classe de langue et de littérature; soit qu'elle porte le numéro un que lui a rendu la restauration, soit qu'elle se résigne au numéro deux que lui avait donné le mécanicien couronné de la première classe, c'est toujours elle, disons-nous, qui attire une façon de public dans cette église, bizarrement convertie en salle d'assemblée. A peine si l'on prend garde aux invitations annuelles des trois autres sections, même lorsque celle des beaux-arts joint à la distribution de ses prix l'attrait d'une cantate exécutée par quelqu'une de nos actrices, même lorsqu'au printemps toutes les lumières de l'Institut se réunissent en faisceau pour contribuer de leurs quatre foyers au pot-pourri d'une séance. Tout cela ne produit pas, dans le monde étroit où les sociétés savantes ont conservé des relations, une sensation pareille à celle qu'excite l'annonce d'une réception, ou seulement cette solennité pour laquelle on a épuisé déjà tous les anniversaires du mois d'août; quand l'Académie française décerne, en médaille d'or, son aumône de gloire aux pauvres honteux de la littérature, en même temps qu'elle enrichit la morale et la vertu des immenses libéralités que lui a laissées M. de Monthyon. Alors, pour peu qu'il n'y ait pas de scandale au Palais-Bourbon, ni de revue, ni de concert à bénéfice, ni de joûte sur l'eau, ni de course au Champ-de-Mars, la chapelle Mazarine peut compter sur une chambrée complète, et sur une recette d'applaudissemens assez ronde. Les jours où un nouvel académicien doit prononcer son discours, suivant que le nom du récipiendaire aura au dehors plus ou moins d'éclat, selon que son élection aura soulevé plus ou moins de disputes, le jeune maître des cérémonies aura aussi plus ou moins de peine à ranger les habitués de l'enceinte privilégiée, à défendre, au moyen de ces soldats dont les fusils sont placés ici avec tant de convenance, les bancs réservés contre l'invasion en chapeau de crêpe et en souliers de satin ; tandis que les porteurs de billets plus modestes iront s'entasser dans l'enfoncement obscur des amphithéâtres et des tribunes. Mais, il faut bien en convenir, le temps est passé de ces réunions brillantes que la mode comptait parmi ses fêtes, où l'on faisait assaut d'élégantes parures, où de jolis visages venaient hardiment braver le jour dangereux de la coupole, éclairée par le soleil de l'après-midi. Si cette désertion continue, si ce double négligé des figures et des toilettes dure encore quelque temps, l'éloquence académique sera obligée de se modifier ; il y a, dans son répertoire, mille phrases charmantes, qui ne trouveraient plus d'application. Il ne sera plus possible de sacrifier aux Grâces dans le sanctuaire des Muses, c'est ainsi, je crois, qu'on parlait; car l'autel manquera aux offrandes.

Et ne voilà-t-il pas que les académiciens eux-mêmes donnent l'exemple du sans-façon ! Ce n'était pas assez qu'une nouvelle forme d'habit eût supprimé déjà et la veste brodée, et la culotte antique, et les bas de soie, et les boucles, et les dentelles ; l'habit lui même s'en va; l'habit aux palmes vertes, le seul costume qui, pendant les premiers mois de la révolution, ait osé se montrer, dans l'enceinte de ces murs sillonnés par la mitraille. Aux dernières séances de l'Institut on a vu presque toute la compagnie se glisser sur ses banquettes, dans le simple appareil de la promenade, des visites ou du travail, sans qu'aucun signe extérieur annonçât aux spectateurs, déjà fort peu instruits par les noms, qu'ils voyaient entrer des hommes célèbres. Je l'ai dit aux députés, je le dirai aux académiciens; reprenez le costume et ne le quittez pas. En ce temps-ci, lorsqu'il s'agit de ce qui peut obtenir le respect, personne ne doit se vanter d'avoir quelque chose à perdre. Nous avons assez d'illusions de moins; laissez-nous celle de l'habit.

Cela devient d'autant plus important que, si la Chambre des députés continue, le public pourrait bien s'occuper de l'Académie. Ce serait une réaction complète. Car il me souvient du jour, où pour la première fois après la révolution de juillet, l'Académie française eut à décerner le prix qu'on appelle d'éloquence. La solennité ne pouvait plus avoir lieu le 25 août. La fête du saint roi avait cessé d'être dans la Charte. Heureusement ce fortuné mois d'août est fécond en éphémérides. Bonaparte y avait placé son patron. La royauté légitime y trouvait tout naturellement des souvenirs. Une autre chance a voulu qu'il fournît encore une date au serment de la royauté nouvelle. Il fut donc décidé très-judicieusement que le 25 août serait déchu, comme l'avait été le 15, de l'honneur qu'on leur avait fait successivement à tous deux, et que le 9 août seul aurait le droit désormais de convoquer l'Académie pour la distribution de ses couronnes.

Or, savez-vous quel lauréat devait étrenner ce glorieux anniversaire? Moi, cher lecteur, moi indigne, qui, avant d'oser me montrer à vous, suis allé sans bruit chercher à l'Académie ma patente d'écrivain. C'est un chemin qu'on ne prend plus volontiers, dans ce siècle où l'on veut arriver vite. Mais le sujet qu'il fallait traiter était pour beaucoup dans cette détermination. Il y a ici toute une histoire, et comme ce n'est pas, dans sa sphère étroite, la chose la moins curieuse de notre temps, permettez moi de vous la raconter. J'ai bien une autre grâce à vous demander.

Apprenez donc que, dans l'année 1828, sous le ministère de M. de Martignac, l'Académie française proposa, pour sujet du prix qu'elle devait décerner en 1830, l'éloge de Chrétien-Guillaume Lamoignon de Malesherbes. Vous sentez qu'il y avait là une allusion; de flatterie? non, mais au moins de conseil et d'encouragement. Par malheur, il devait se passer deux ans entre la publication du programme et le jugement du concours. Au bout d'un an, nous avions un autre ministère; onze mois après, une révolution.

Écrivez donc à loisir sur les choses qui sont de circonstance !

Vous jugez quel dut être l'embarras des concurrens, obligés de traiter, sous le ministère Polignac, un sujet proposé sous le ministère Martignac; et celui de l'Académie, ayant à décerner, après les barricades, une palme promise du temps de Charles X. Aussi n'y eut-il pas de prix accordé, et le rapporteur, dans la séance du 25 août 1830, déclara que l'Académie n'avait trouvé à mentionner honorablement qu'un seul discours, en reprochant toutefois à l'auteur d'avoir négligé, dans le caractère de Malesherbes, un des traits les plus honorables : « Le secours qu'il prêta à la marche de l'esprit philosophique du dix-huitième siècle. » C'était tout simplement donner la date de la composition.

Vous et moi, nous pensions alors à bien autre chose qu'à l'Académie. Aussi n'ai-je pas besoin de vous dire que, de tout ce détail, je ne savais pas un mot. Mais un jour il m'arriva, dans une de ces promenades qui m'ont fourni les documens de ce livre, de visiter le monument assez maussade, élevé à la mémoire de Malesherbes, dans la grand'salle du Palais. La statue était entière, l'inscription latine dictée, dit-on, par Louis XVIII, n'avait reçu aucun outrage. Mais le bas-relief du piédestal, qui représentait Louis XVI avec ses trois défenseurs, était cruellement mutilé. Un coup de hache avait enlevé la tête du roi. De là me vint l'idée de composer un éloge de Malesherbes, où je replacerais cette figure, sans laquelle la gloire du ministre vertueux ne me semblait pas complète. Au bruit de l'émeute qui brisait les fleurs-de-lys, qui démolissait l'Archevêché et dépouillait l'église de Saint-Germain-l'Auxerrois, j'achevai mon ouvrage, que l'Académie a couronné, et qu'elle m'a permis de lire moi-même dans sa séance solennelle. Après la noble impartialité dont elle a fait preuve à mon égard, rien ne m'a été plus cher, en cette circonstance, que la bienveillance aimable de son secrétaire perpétuel.

Vous voyez, cher lecteur, que je ne ris plus, et dussé-je vous prêter à rire, il faut, puisque je vous tiens, après vous avoir alléché par quelques traits malins, que je vous donne ici ce discours, tout neuf, assurément, puisqu'il n'est pas sorti de l'Académie. L'Institut, où je vous ai conduit, a parfois de semblables guet-à-pens. Ceci, d'ailleurs, n'est pas du tout étranger à l'objet général de nos esquisses; et il n'est pas sans intérêt de voir comment, peu de mois après la révolution de 1830, un auteur de quelque conscience pouvait s'y prendre pour obtenir des suffrages dont il voudrait toujours s'honorer. S'il vous répugne d'entrer dans un sujet qui n'est pas frivole, fermez le livre et passez au second volume, où nous reprendrons le cours de nos visites dans Paris. Mais si vous consentez à lire les pages qui suivent, préparez-vous à quelque chose de grave et de sévère. J'écrivais dans cette disposition d'esprit, et c'est la seule fois, depuis trois ans, que je me sois trouvé sérieux. Aussi ne s'agissait il pas des hommes et des événemens de notre époque.

« Il y a peu de temps encore que deux partis qui se faisaient la guerre avec les souvenirs, les regrets et les reproches du passé, en cherchant parmi les morts ceux qu'ils voulaient honorer d'un culte passionné, se disputaient l'un à l'autre la mémoire d'un homme de bien. « Il a combattu pour nous, » disaient les uns. « Il est mort dans nos rangs, » s'écriaient les autres. Ici l'on rappelait des doctrines de liberté proclamées long-temps avant qu'elles fussent devenues le droit commun de notre pays, une haine profonde de l'arbitraire, une ardente compassion pour les souffrances du peuple, les principes qui avaient servi à la résistance, conservés dans l'exercice du pouvoir. Là on vantait un admirable dévouement, un transport héroïque de ce sentiment que nos pères confondaient avec l'amour de la patrie, enthousiasme d'un autre âge, qui ne saurait plus être désormais qu'une affection raisonnée. Et chacun voulait compter parmi les siens celui qui avait ainsi vécu, celui qui était mort ainsi.

Un grand écrivain, plus capable que nul autre d'apprécier tous les côtés de cette gloire, a cru pouvoir terminer la contestation par un partage : « Que la philosophie réclame la première partie de cette vie, a-t-il dit, la religion se contentera de la dernière (1). »

Et quel intérêt y a-t-il donc à déchirer en quelque sorte le livre d'une noble existence, si utilement employée, terminée par un si beau sacrifice, pour en distribuer capricieusement les pages? Pourquoi ne pas reconnaître qu'il existe dans un cœur d'honnête homme, indépendamment des circonstances qui viennent modifier en mille façons l'application des vertus, un caractère invariable de droiture, de fermeté, de tendresse et de courage, auquel peuvent se rapporter toutes les belles actions, toutes les inspirations généreuses? Le même écrivain l'a dit avec cette simplicité de paroles qui convient au génie : « Dans les âmes faites pour la vertu, la vertu est une action naturelle qui s'accomplit sans effort, comme les autres mouvemens de la vie. »

(1) M. de Châteaubriand dans le *Conservateur*.

Eh bien ! le voilà révélé tout le secret de cette conduite dans laquelle on a voulu chercher des principes qui se contrarient, des sentimens qui se démentent, le tort des erreurs et la faiblesse des rétractations. Enivrement de la popularité, chaleur des opinions, obstination des systèmes, tous ces mobiles des âmes vulgaires agissent avec violence et par secousse. Comment s'étonner qu'ils poussent les hommes à des excès dont un état plus calme amènera le repentir ? Ici rien de semblable. Tout est si simple, semble coûter si peu, se produit si ingénûment, que l'événement seul nous y fait trouver quelque chose de grand ou de sublime.

Ne nous inquiétons donc pas de savoir quel profit les opinions qui nous divisent peuvent tirer de ses actions. Elles n'appartiennent pas à nos querelles. Leur origine est plus pure. Elles sont dues à cette heureuse conformation d'un caractère pour qui tous les devoirs sont faciles. La préoccupation des contemporains a pu s'y tromper; mais nous, qui sommes devenus la postérité pour les réputations de cette époque, montrons un homme, que trente-sept années séparent de nous, tel qu'il fut; et non comme il nous servirait de le voir. Soyons justes et vrais, au moins pour ceux dont il ne reste plus qu'un souvenir.

Et ce n'est pas là tout ce que nous impose d'obligation le voisinage des événemens où cette vie se trouve mêlée. Dernièrement il arriva (1) que les flots d'un peuple indigné, cherchant partout quelque signe de la puissance qu'il venait de renverser, se répandirent dans l'enceinte où s'élevait un autre monument en l'honneur du grand magistrat que nous voulons faire connaître. Son nom fut prononcé, et la vengeance publique s'arrêta devant son image. Mais au pied de sa statue une figure de roi fut mutilée par la hache, comme s'il fallait que deux fois la même vertu fût impuissante pour protéger cette tête qui avait porté une couronne. Laissons à la colère ces tristes égaremens, et n'oublions pas que la mémoire de Louis XVI est ici placée sous la sauve-garde de son défenseur.

Chrétien-Guillaume Lamoignon de Malesherbes naquit le 6 décembre 1721, d'une de ces

(1) Le 29 juillet 1830.

familles où les grandes charges de judicature passaient des pères aux enfans comme un héritage. Depuis long-temps le nom de Lamoignon était particulièrement cher aux gens de lettres. Illustré par cinq générations de magistrats, la chaire chrétienne, la poésie, l'éloquence du barreau l'avaient consacré encore dans ses œuvres de génie, plus durables que le souvenir des dignités et même des vertus. Deux petits-fils du premier président, qui fut compté parmi les hommes célèbres du siècle de Louis XIV, siégeaient alors au parlement de Paris. Le plus jeune fut le père de Chrétien-Guillaume, et, en élevant un fils, il avait à se préparer un successeur.

Les premiers regards de cet enfant, né pour rendre la justice, se portèrent sur les images de ses ancêtres, tous revêtus de cette robe qui rappelle les vertus les plus sévères dont notre pays se soit honoré, et c'était en lui indiquant des modèles qu'on lui faisait compter ses aïeux. On avait reproché à quelques-uns d'entre eux un attachement trop vif pour le brillant esclavage de la cour, une imitation présomptueuse des habitudes que les grands seigneurs s'étaient réservées ; et le duc de Saint-Simon semble vouloir punir toute la famille de cette usurpation, en lui contestant une noblesse que Fléchier avait fait remonter jusque par-delà le règne de saint Louis. Le jeune Lamoignon prouva bien mieux, par sa modestie, l'illustration de son origine. De bonne heure ses goûts furent simples, son maintien réservé. Les petits-maîtres de la robe lui trouvèrent même un peu de gaucherie, et nous ne croyons pas manquer à la dignité de sa mémoire en racontant, d'après son témoignage, que le danseur Marcelle désespéra de son avenir.

Dans un temps où les querelles sur la bulle *Unigenitus* avaient repris toute leur fureur, son éducation eut cela de singulier, qu'en sortant du collége des Jésuites, il fut guidé dans l'étude des lois par un magistrat théologien, le patriarche et le champion du jansénisme. Peut-être trouverait-on là les premières traces de la direction qu'adopta son esprit. Quel que soit le sujet d'un débat établi entre la puissance qui commande et une opinion qui résiste, la discussion pénètre bien vite jusqu'aux mystérieux fondemens de l'autorité et des croyances. Le jansénisme, qui s'éleva timidement sous Richelieu comme un pis-aller de la réforme, qui fut la seule opposition tentée contre la volonté de Louis XIV, qui réveilla dans les parlemens une ardeur de contestation éteinte depuis la Fronde, avait remué déjà pour sa défense bien des questions que la philosophie devait reprendre avec plus de hardiesse et d'effet.

Mais si l'on ne peut douter que les discours et les exemples d'un homme habitué aux combats et aux disgrâces, aient déposé dans le cœur du jeune Lamoignon quelques germes d'aversion pour l'arbitraire et la violence, c'était dans un âge plus mûr qu'ils devaient trouver leur développement et leur application. Il fallait peut-être à sa timidité l'aiguillon d'un grand devoir, pour le jeter dans le tumulte des affaires publiques. Substitut du procureur-général à vingt ans, et ensuite conseiller aux enquêtes, il ne se fit remarquer, dans son noviciat judiciaire, que par une laborieuse assiduité. Mais dès cette époque son caractère fut formé, ses inclinations se fixèrent. Ses passions, dans le feu de la jeunesse, furent celles qui devaient être, jusqu'au dernier moment, le délassement de ses travaux ou la consolation de ses peines. A l'entrée de la vie, il parut désabusé des plaisirs bruyans, comme s'il les avait goûtés. Tout ce que son âge avait d'ardeur, tout ce qui lui restait de temps, fut employé à la recherche de ces pures jouissances dont la nature est si prodigue pour ceux qui étudient les innombrables variétés et l'ordre infini de ses productions. Exact et zélé pour les travaux du palais, on le voyait, ou plutôt il pensait qu'on ne le voyait pas, écouter avec délices les leçons de Jussieu, obscurément mêlé dans la foule de ses auditeurs. Le premier écrit qui soit sorti de sa plume, et qui nous a été conservé, fut dicté par cet amour de la science, susceptible et jaloux comme tous les autres (1).

Il s'occupait peut-être encore de défendre l'honneur de la botanique contre les dédains de Buffon, et de contester à l'éloquent écrivain l'invention de sa théorie sur la formation de la terre, lorsqu'il se vit tout à coup porté, de la modeste place qui lui permettait l'étude et l'obs-

(1) Observations sur l'Histoire naturelle générale et particulière de Buffon, imprimées en 1798.

curité, à l'une de ces hautes fonctions où sa naissance l'appelait bien plus que ses désirs. D'Aguesseau venait de résigner cet office de chancelier qu'il avait gardé trente-sept ans, et dont l'exil avait suspendu trois fois l'exercice entre ses mains, sans pouvoir le lui ravir. Guillaume de Lamoignon fut choisi pour lui succéder. C'était un magistrat intègre, appliqué à ses devoirs, vieilli dans le travail et les emplois judiciaires, qui n'a pas obtenu de l'histoire la célébrité des grands talens, mais dont elle a laissé la mémoire sans reproche. Il avait alors la charge de premier président à la cour des aides ; son fils l'y remplaça.

On était à la fin de l'année 1750. Depuis deux ans, la France n'avait plus cette distraction que le grand intérêt de la guerre apporte toujours au mouvement des idées. C'est dans les intervalles de paix et de bonheur que les peuples, revenus de leurs alarmes, n'ayant plus à craindre pour leur sûreté, recueillant avec plus de liberté les fruits du travail individuel, s'occupent à loisir de leur dignité et de leur avenir. Alors Louis XV avait déjà perdu ce titre de *bien-*

aimé que, peu d'années auparavant, les cris d'une multitude attendrie lui avaient décerné par anticipation. Du faible et court effort qu'il avait fait pour la gloire, il était retombé bien vite dans un engourdissement honteux, et l'on pouvait à peine dire qu'il assistait à son règne. La royauté, facilement accessible sous Henri IV, représentée du moins dans la personne de Richelieu, embellie et non cachée par la pompe et l'éclat dont l'avait entourée Louis XIV, prenait maintenant quelque chose du mystère oriental. Et cependant une nation généreuse et confiante, mais mobile et railleuse, indulgente pour le vice, inexorable pour le ridicule, écoutait avec ardeur d'habiles écrivains qui, tantôt sous la forme sérieuse des théories, tantôt avec le sel d'une moquerie ingénieuse, lui inspiraient chaque jour le mépris de ce qu'elle avait souffert et le désir impatient des nouveautés. La France ne paraissait, et peut-être ne croyait-elle encore que s'amuser; elle se préparait de loin à l'œuvre glorieuse et terrible d'une régénération.

Tel fut le temps où Lamoignon de Malesherbes, âgé à peine de vingt-neuf ans, vint s'asseoir à la tête d'une de ces compagnies souveraines dont les attributions et les droits, mal définis par une longue suite d'exemples, s'étendaient ou se resserraient, suivant que le pouvoir annonçait de l'embarras ou de la force. Avec moins d'influence et de réputation que n'en avait le parlement, la cour des aides se vantait pourtant d'une origine toute populaire. La succession des temps l'avait mise à la place de ces commissions, choisies dans le sein même et par le suffrage des états-généraux pour surveiller, en leur nom, la juste répartition et la perception équitable du premier impôt. Cette généalogie s'était sans doute bien altérée. Mais les magistrats s'en servaient pour lutter avec plus d'avantage contre l'avidité du fisc ou les envahissemens de l'administration, et pour conserver à la France un simulacre au moins, de ce droit inaliénable qu'elle devait un jour reconquérir tout entier.

Malesherbes comprit bientôt l'étendue des devoirs qui lui étaient imposés, mais il sentit en même temps ce qui lui manquait pour les remplir. Il semblait éprouver quelque pudeur en se trouvant chargé d'un rôle qui appartenait à l'assemblée de la nation, telle qu'on la connaissait alors. Il s'inclinait respectueusement devant le souvenir de ces anciens états-généraux, triple représentation de la vieille société, qui seuls pouvaient faire avec autorité ce qu'il essayait avec zèle. Attaché aux intérêts de sa compagnie, jaloux de son honneur, ne laissant rien perdre de ce que la tradition lui avait donné, il reconnaissait pourtant, bien au-dessus d'elle, un autre pouvoir, investi de ce caractère imposant que tout l'amour du bien public ne saurait remplacer; et ce qu'il y avait de plus hardi dans son langage était la confession même de son impuissance.

C'est avec cette haute conscience de ses obligations qu'on le vit, pendant vingt années, défendre la fortune des particuliers sans cesse menacée par la ruineuse fécondité des inventions financières, combattre la fiscalité dans toutes ses ruses et l'arbitraire dans toutes ses violences, porter au pied du trône, ou faire entendre aux princes du sang qui venaient étouffer la délibération par leur présence, les mâles accens d'une éloquence ferme et sévère, animée par la passion de l'honnête homme et du bon citoyen. Il trouva dans son cœur de la compassion pour toutes les souffrances, du courage contre toutes les injustices. Toujours il parut touché d'un tendre intérêt « pour les classes les plus utiles qui sont aussi les plus opprimées. » Toujours il s'éleva fortement contre cette puissance monstrueuse de l'administration, qui, se multipliant à l'infini par la tyrannie des subalternes, rassemblait ensuite tous ses actes sous une protection où les plaintes ne pouvaient l'atteindre. Heureux surtout quand l'occasion se présentait de flétrir ces vengeances secrètes qui se couvraient insolemment du pouvoir royal, au risque de faire monter jusque vers le trône le ressentiment des plus obscures douleurs! Alors sa voix devenait plus pénétrante; toute la chaleur de son âme se répandait dans ses paroles. Il suppliait le roi d'interroger lui-même la profondeur des cachots où tant de misères demeuraient ensevelies; prière alors trop peu écoutée, mais dont Malesherbes, par une constance qui est toujours restée trop rare, devait se souvenir plus tard, lorsqu'il aurait le pouvoir de faire ce qu'il avait conseillé!

Tout habitués que nous soyons maintenant

aux discussions politiques, nous ne pouvons nous défendre de quelque surprise en trouvant, dans ces remontrances des anciens magistrats, une générosité de résistance, une intrépidité de langage que la tribune même n'a pas surpassées, et il nous semble à chaque instant voir tomber sur leurs têtes toutes les fureurs de la puissance absolue. Quelques panégyristes de Malesherbes ont été dominés par cette idée, au point d'attribuer dès-lors à sa conduite ce genre de courage qu'il montra long-temps après, en face de l'échafaud; car il avait des vertus pour toutes les époques. Mais on n'était pas arrivé à ces jours d'agitation qui ne laissent aucune parole sans effet et aucune action sans péril. Les ressorts du gouvernement, usés comme ils étaient, se mouvaient pourtant sans produire de violentes secousses. Le ministère présentait des édits à l'enregistrement des cours lorsqu'il ne pouvait faire autrement, et, s'il avait à craindre quelque opposition, les faisait porter par des princes du sang. Les cours rédigeaient des remontrances auxquelles on répondait par des arrêts du conseil. Le peuple applaudissait aux magistrats, mais ne se soulevait pas pour eux comme au temps de la Fronde. Le roi leur faisait un froid accueil, et leur adressait tout au plus quelque réprimande qu'ils transcrivaient fièrement sur leurs registres. Ce qu'il y avait de pire à craindre pour un homme placé dans le rang qu'occupait Malesherbes, c'était d'être exilé dans sa terre par un ordre du roi, et cet ordre il l'attendit vingt ans. Aussi a-t-il pris le soin de mesurer lui-même la part de reconnaissance qui lui était due pour sa vie de magistrat : « Si j'ai » quelque titre à l'estime publique, écrivait-il » en 1790, c'est pour avoir été le défenseur des » droits du peuple dans un temps où ce rôle » ne conduisait pas, comme à présent, à deve- » nir une des puissances de l'État (1). »

Ce qui distingue surtout les remontrances prononcées par Malesherbes au nom de sa compagnie, c'est une connaissance profonde des vrais principes sur lesquels repose la société, c'est une raison élevée qui remonte sans cesse aux lois de la justice universelle pour en dénoncer la violation. Ce caractère particulier, tout en l'appliquant avec droiture aux devoirs de sa place, Malesherbes l'avait puisé ailleurs. Il existait alors

(1) Lettre à M. Boissy-d'Anglas.

un enseignement public des vérités qui intéressent les hommes, des droits que la nature leur a donnés, des devoirs imposés à ceux qui les gouvernent. Ce n'étaient pas, comme on le pense bien, les chaires privilégiées, ce n'étaient pas non plus les parlemens, dépositaires jaloux d'un faible reste de liberté, qui avaient entrepris cette éducation des peuples. Quelques écrivains, dans le besoin de se frayer une route nouvelle, avaient pris l'homme et ses croyances, la société et ses lois, pour sujet de leurs études; tâche immense et périlleuse, où l'on trouvait à chaque pas des obstacles et nulle part des limites. Peu d'accord entre eux sur le point de départ, encore moins sur le terme, quelques-uns timides dans leurs essais, quelques autres peu discrets dans leurs écrits, ils se réunissaient tous pourtant, avec leurs couleurs diverses, sous la bannière commune de la tolérance et de l'humanité.

Malesherbes s'était formé à cette école qui proclamait des principes conformes au besoin de son cœur et de sa raison. L'étude de la nature le rapprocha encore de ces écrivains. Dès l'année 1750, l'Académie des sciences l'avait appelé dans son sein avec le titre d'associé honoraire qu'il devait promptement démentir. Il arriva presque en même temps qu'il eut le pouvoir de protéger ceux qu'il aimait, de prêter une assistance utile à leurs travaux. Le chancelier son père lui avait confié une des attributions de son ministère qu'on pouvait considérer alors comme une sorte de dictature exercée sur l'intelligence humaine.

Les plaintes des gens de lettres nous ont appris, et Malesherbes lui-même, avec une franchise plus désintéressée, nous a fait connaître (1) l'oppression sous laquelle gémissait, depuis les premières années du dix-huitième siècle, ce qu'on appelait la librairie, c'est-à-dire le commerce des idées répandues par la presse. Ne nous hâtons pas pourtant d'en faire honte au gouvernement seul, à ce pouvoir exercé par quelques hommes qui portent tout le poids des torts, quand le temps du reproche est venu. On se trompe souvent sur la condition de ces monarchies qui s'enorgueillissent de ne pas trouver dans un contrat les règles et les bornes de leur puissance. A les entendre se prévaloir de leur

---

(1) Mémoire sur la liberté de la presse, imprimé en 1814.

origine, on les croit libres de faire le bien, et on les accuse de tout le mal. Mais de près, on voit tous leurs mouvemens gênés par des autorités rivales qui prétendent avoir aussi leur antiquité et leurs droits. D'un côté le clergé, de l'autre le parlement, se croyaient appelés à surveiller les livres qui avaient passé par la chancellerie. Ni l'un ni l'autre ne voulait garder devant le sceau du roi un respectueux silence, et un livre, une production du talent ou même du génie, n'était pas d'une telle valeur aux yeux de ceux qui gouvernaient, qu'ils consentissent à commettre l'autorité royale en si mince sujet.

Malesherbes avoue qu'il ne put pas changer cette triste servitude de la pensée. Il proposa vainement de reconnaître la liberté des discussions, dont sa raison lui avait appris la nécessité. Cette seule idée causait, dans l'esprit de ceux à qui il s'adressait, une épouvante qu'il résume en ce peu de mots : « M. de Voltaire les faisait trembler ». Il voulut au moins ôter ce qu'il y avait de plus funeste dans la censure, en supprimant l'approbation qu'il fallait inscrire sur le livre. C'était quelque chose de trop hardi. « Le parlement, disait-on, ne voudrait pas en-registrer une telle loi ». Forcé de conserver cet arbitraire immense, il s'efforça du moins d'y mettre quelque justice, en inspirant ses sentimens à ceux qui l'exerçaient sous lui. Il essaya de donner du courage à des hommes craintifs, de la raison à des hommes prévenus, de l'impartialité à des hommes passionnés. Il y réussit quelquefois; mais sa position était périlleuse, entre le fanatisme qui s'offensait de sa tolérance et des amours-propres qui n'étaient pas toujours modérés. Ainsi Voltaire trouvait juste qu'on protégeât ses amis, mais il s'emportait souvent contre la liberté laissée à ses critiques. Ainsi les écrivains de l'Encyclopédie, pour lesquels Malesherbes bravait le mécontentement de la cour, l'indignation du clergé et le blâme des magistrats, se plaignaient amèrement des libelles publiés contre eux. Dans le temps où un prédicateur fougueux dénonçait en présence du roi le magistrat de la librairie, comme associé à la conspiration des philosophes, d'Alembert l'accusait d'être le protecteur déclaré de leurs adversaires.

Ce fut au chancelier d'Aguesseau que Diderot présenta le projet de l'Encyclopédie. D'Aguesseau, loin d'aspirer à la philosophie, s'était déjà presque repenti du jansénisme. Mais Diderot savait communiquer l'enthousiasme dont il était animé, et le magistrat octogénaire fut séduit par l'espoir d'attacher son nom au plus beau monument du siècle qu'il fallait quitter. Malesherbes avait plus d'inclination encore à continuer ce patronage. Le premier volume publié sous son administration souleva des plaintes violentes. Il soutint l'orage avec vigueur; il fit parler l'honneur de la France, la foi due aux engagemens, la fortune de plusieurs familles engagée dans cette entreprise. Il nous raconte lui-même le piége qu'il tendit au plus ardent ennemi des encyclopédistes, à cet évêque de Mirepoix dont mille sarcasmes accablans ont sévèrement puni le fanatisme haineux et tracassier. Il lui offrit de faire examiner par des théologiens de son choix tous les articles du dictionnaire. L'évêque accepta cette proposition, et six volumes parurent successivement avec l'approbation des trois docteurs, les plus sévères assurément que l'on eût pu trouver. Le bruit n'en fut pas moindre, jusqu'à ce que Malesherbes, qui croyait avoir mis l'ouvrage en sûreté du côté de la cour et du clergé, vit tout à coup arrêter l'effet de sa bienveillance par une poursuite du parlement.

Il nous est resté un souvenir plus touchant de sa magistrature littéraire. Il sut apprivoiser Rousseau, cet écrivain éloquent et malheureux qui se fit un tourment de son génie et comme une persécution de sa gloire. Une fois en sa vie, le citoyen de Genève n'eut pas peur d'un homme en place, et crut presque avoir trouvé un ami. Il céda bientôt à l'attrait de sa bienveillance, à la douceur persuasive de son caractère. Il fit plus, il accepta ses bienfaits, il s'en vanta, il eut besoin de son estime. Ce fut à Malesherbes que, du fond de sa retraite, il adressa cette première esquisse de son caractère et de sa vie (1), qui peut-être aurait dû rester la seule révélation de ses faiblesses. Là du moins il se montre, aux yeux d'un homme selon son cœur, tel qu'il désirait être vu de la postérité. Et plus tard en-

(1) Quatre lettres à M. le président de Malesherbes, écrites en 1782.

core, lorsqu'il crut rencontrer, dans un pays qui lui promettait un asile, d'autres inimitiés et d'autres perfidies, c'est à Malesherbes qu'il confie ses nouvelles douleurs, c'est de lui qu'il se souvient, toujours mécontent des hommes, pour se rappeler « qu'il y a parmi eux de la vertu. »

Vers la fin de l'année 1763, Malesherbes perdit cet emploi où il avait fait tout le bien qui n'était pas impossible, où Voltaire disait « qu'il n'avait pas laissé de rendre service à » l'esprit humain en donnant à la presse plus » de liberté qu'elle n'en avait jamais eu. » C'était la retraite du chancelier de Lamoignon qui entraînait la sienne, et vainement chercherait-on désormais dans son langage de magistrat, plus d'amertume qu'il n'en montrait lorsque, portant à Versailles les remontrances de sa compagnie, il trouvait son père assis auprès du roi. Comme il n'avait pu être détourné de son devoir par le respect d'une autorité si chère, il ne fut pas porté à l'exagérer par un trop juste ressentiment.

On approchait du temps où le pouvoir allait tenter une grande révolution. Dans le secret de l'intrigue, et à l'aide de l'influence la plus impure, se tramait un obscur complot contre un ministre protégé par les parlemens avec qui il avait fait alliance, et par l'opinion publique qu'il avait habilement caressée. Un homme se trouva pour proposer à l'indolent Louis XV de rajeunir son règne par des coups d'état. Il entreprit d'abord de provoquer le parlement de Paris à une résistance extrême, sachant bien, lui nourri dans ses rangs, que les compagnies ne refusent jamais ces sortes de défis. Puis, lorsqu'il le vit engagé de façon à ne pouvoir reculer, il s'arma de toute l'autorité royale pour consommer la destruction long-temps méditée de cette puissante magistrature.

La cour des aides voulut mériter l'honneur d'une semblable haine, en se portant au secours du parlement menacé. Malesherbes rédigea des remontrances, où l'on trouve exprimées avec une éloquence vigoureuse toutes les considérations qui pouvaient toucher le cœur et frapper la raison. Sans contester l'origine que s'attribuait alors le pouvoir royal, il rappela que la soumission volontaire des peuples en était l'ap-

pui, que le plus grand bonheur des sociétés en était l'objet et la fin, que des devoirs à remplir en étaient la condition. « Dispensez-nous, s'é-
» criait-il, d'examiner si un roi peut abroger
» des lois regardées par la nation comme le
» rempart de ses droits et de sa liberté, il nous
» suffit de dire qu'il ne le doit pas. »

Une lettre d'exil parut la seule réponse qu'on pût faire à de telles paroles, et Malesherbes, après avoir montré toutes les vertus du citoyen et du magistrat, alla goûter dans sa terre le bonheur du sage. Ce qu'on appelle une disgrâce le rendait à cette vie des champs, animée par le commerce de l'amitié, à ces plaisirs de la retraite, que dans tous les temps son cœur aurait choisis. On vit alors ce qu'il y avait de douceur, d'agrément et de naïveté chez cet homme célébré ailleurs pour son énergie et l'austérité de son patriotisme. Le villageois ne trouvait en lui qu'un de ses égaux, avec les mêmes formes et le même costume, mais plus instruit de son métier. La supériorité de sa position ne se révélait que par d'immenses bienfaits. Il fallait que la sévérité d'un intendant arrêtât la prodigalité de ses dons, et il appelait cet importun « l'ennemi » de ses menus-plaisirs. » S'entretenir avec des ouvriers, les diriger dans leurs travaux, ou s'enquérir de leurs besoins pour les soulager, telle était sa récréation habituelle. Il ne semblait pas alors qu'il fût né pour autre chose que pour laisser à ses enfans l'héritage de ses pères, fécondé par une culture plus savante. Il exerçait avec la même simplicité dans sa famille l'autorité patriarcale. Ses amis, presque tous pris parmi les hommes qui cultivaient les sciences ou les lettres, admiraient en lui le charme de cet enjouement inaltérable, de cette bonhomie spirituelle, de cette gaîté sans effort, expression riante d'une conscience satisfaite, qui n'a ni crainte de l'avenir, ni regret du passé. L'étendue et la multiplicité de ses connaissances donnaient à sa conversation un intérêt inépuisable, et c'était toujours lui qui semblait s'y instruire. Ses journées étaient remplies de soins paternels, de travaux champêtres, d'utiles entretiens, et il avait encore de longues veilles pour l'étude solitaire.

Cependant un règne de soixante ans s'achevait. La couronne de Louis XV, chargée de tant de fautes, allait peser sur la tête d'un jeune prince, étranger aux affaires comme aux habitudes corrompues de la cour, et qui ne pouvait apporter qu'un vague désir du bien public. Son premier acte fut le rétablissement des cours de justice renversées par son aïeul, et Malesherbes se retrouva placé à la tête de sa compagnie lorsqu'un frère du roi vint y apporter l'édit qui lui rendait ses attributions. En ce moment l'opinion des peuples, enivrée de cette victoire, partageait sa reconnaissance entre le nouveau roi qui lui ramenait ses magistrats, et ces hommes que l'exil lui avait rendus plus chers. On cherchait pour leur courage de nouveaux honneurs, et surtout des honneurs populaires. L'Académie française fut heureuse de pouvoir contenter cette impatience. Déjà, quatre années auparavant, dans une de ses solennités, Duclos ayant prononcé le nom du premier président Lamoignon, « ce » nom si cher aux lettres, » toute l'assemblée s'était levée avec acclamation pour appliquer le même éloge à son arrière-petit-fils.

La réception de Malesherbes à l'Académie eut

le caractère d'une fête politique, d'une satisfaction nationale. On sentait qu'il y avait autre chose dans ce choix qu'un hommage rendu à l'éloquence, à l'art de bien dire. Malesherbes le reconnut en parlant de sa conduite avec la modestie que d'autres mettent à parler de leurs talens. Mais surtout il apprécia dignement cette nouvelle puissance que l'opinion avait conquise, et il félicita la littérature d'avoir repris sa véritable destination en s'occupant d'instruire les hommes, d'éclairer leur raison, de les rendre meilleurs ou plus heureux.

Louis XVI avait annoncé avec la sincérité de son cœur l'intention de réformer les abus, promesse banale de tous les avénemens, qui trouve toujours des obstacles, et déjà l'espérance exigeante de la nation lui avait imposé le titre de roi législateur. Malesherbes ne crut pas alors que les droits de sa compagnie dussent se borner à de tardives représentations sur les lois qui seraient faites. Il entreprit de montrer tout le mal des lois qui existaient, et de signaler par l'exposé des torts la nécessité des réparations. Tel fut le texte de ses dernières remontrances.

Celles-là ne tiennent pas à une circonstance passagère, à un accident particulier : elles ont toute l'importance d'un monument historique. Elles retracent des désordres qui tourmentèrent long-temps notre pays. Elles posent les bases d'une législation protectrice, équitable, à laquelle, aujourd'hui même, on peut encore emprunter quelques bienfaits. Les mémoires du temps, qui ont toujours quelque petit secret pour expliquer les actions des hommes, prétendent que ces remontrances avaient été concertées avec un ministre qui était depuis long-temps l'ami de Malesherbes, et qui voulait préparer ainsi l'application de ses théories. Cette complicité de deux hommes de bien n'aurait certainement rien que d'honorable. Il ne doit pas être réservé aux seuls ennemis du bonheur public d'unir leurs projets et leurs efforts.

C'était déjà beaucoup pour un roi que de savoir entendre la vérité; c'eût été trop brusquement rompre les habitudes du trône que de la laisser se répandre. Louis XVI obéit aux traditions jalouses de l'autorité qui ne veut jamais que le peuple soit trop instruit de ses misères. Mais il conçut une profonde estime pour Malesherbes, et, peu de jours après, lorsque la concurrence de deux intrigues qui se disputaient le pouvoir laissa quelque liberté au choix du prince, il appela au ministère celui qui avait demandé des garanties contre les mauvais desseins des ministres. Une approbation universelle éclata dans toute la France lorsqu'on apprit que le sévère magistrat allait avoir part au gouvernement. Chacun relisait avec curiosité ces remontrances qui avaient déjà pour le public l'intérêt d'un ouvrage défendu, afin de trouver, dans le blâme qu'il avait porté, les promesses de son administration. Difficile épreuve, dont il sut se tirer avec gloire !

Il fallut toute l'insistance de l'amitié pour vaincre sa répugnance. Les habitudes de sa vie, la simplicité de ses manières, ne pouvaient se plier à la contrainte d'une cour et aux ménagemens obligés de cette position. Le ministère qui lui était confié se nommait le département de la maison du roi, mince en apparence, si l'on s'en rapporte à des souvenirs récens, mais qui comprenait alors les affaires du clergé, la ville de

Paris, la police générale, et la surveillance particulière de plusieurs provinces. Seule dans le royaume, la cour des aides se sentit affligée de cet événement, et « sans s'assurer si la démarche » qu'elle faisait était justifiée par un exemple de » ses registres, » elle alla tout entière porter, au chef qu'elle venait de perdre, l'expression de ses regrets plutôt que de ses félicitations, « quoi- » que bien certaine, disait-elle, que l'air » contagieux qu'il allait respirer ne ferait au- » cune impression sur une âme telle que la » sienne. »

Il y avait sans doute quelque courage à risquer sa renommée dans un lieu dont on était convenu de parler ainsi. Mais Malesherbes était fait pour réhabiliter le ministère. Il avait dit au roi qu'il serait utile de visiter les prisons, il les visita. Il y trouva des victimes de l'ambition, de la haine, de l'incapacité. Car tous les vices des hommes ont des vengeances contre ceux qui les gênent ou pourraient les trahir. Quelques malheureux revirent le jour dont ils avaient été long-temps privés. Le bruit public, comme cela est ordinaire, en exagéra le nombre, et la reconnaissance fut plus grande. Dans l'amour comme dans la haine, il faut toujours que la multitude porte un peu de sa crédulité.

Il s'était encore élevé contre les lettres de cachet. Il avait demandé qu'elles ne fussent accordées qu'après une délibération de quelques hommes choisis. Il établit une sorte de conseil chargé de défendre le ministre lui-même contre l'obsession de la haine ou de l'intrigue. On a écrit qu'il ne signa aucun ordre de ce genre. Cela n'est pas tout à fait exact. Mais des témoignages peu suspects d'impartialité, nous apprennent que ceux envers lesquels il usa de ce rigoureux pouvoir comptaient sur une prompte justice. S'il ne ferma pas la Bastille, du moins il y laissa entrer l'espérance.

Il réprima encore un autre abus de l'autorité absolue. On faisait intervenir le nom du roi en faveur de la mauvaise foi comme au profit de la vengeance. Des courtisans, après avoir brillé long-temps aux dépens de leurs créanciers, obtenaient des lettres d'état avec lesquelles ils bravaient effrontément les malheureux qu'ils avaient ruinés. Il soumit à un examen préalable la demande de ces faveurs, et obligea ceux qui en jouiraient à les excuser par la modestie de leur retraite. Il rendit à l'Académie des sciences la libre disposition de ses pensions, secours destinés au mérite indigent, et que la faveur accordait à l'intrigue. Il s'occupa aussi d'améliorer le régime des prisons, en ne permettant pas que les hommes à qui la loi inflige la peine d'une faute, pussent y recevoir les leçons du crime. Les jeux enfin attirèrent son attention, car les attributions de son ministère descendaient jusque-là, et, forcé d'en souffrir le scandale, il leur demanda des secours pour la charité. Singulière mais utile prévoyance des sociétés corrompues, qui, ne pouvant détruire le vice, lui arrache du moins de quoi préparer l'asile où il doit finir!

Tandis que Malesherbes se livrait tout entier à ces soins, les menées de l'intrigue et le soulèvement des préjugés conspiraient contre les ministres réformateurs. Une coalition puissante s'était formée de tous les priviléges menacés Le parlement, qui n'avait pas été rappelé pour se taire, leur prêtait sa voix, et le peuple, alarmé sur le plus intelligible de ses intérêts, sur sa subsistance, montrait peu de sympathie pour des projets dont le bienfait lui semblait trop obscur et trop éloigné. La protection des philosophes défendait faiblement l'ami de Malesherbes contre les satires, les pamphlets et les chansons. On put faire croire à Louis XVI que l'opinion publique abandonnait son ministre; on l'inquiéta sur la résistance des magistrats; on l'affligea par le mécontentement de ses plus proches serviteurs; on l'épouvanta des rigueurs où l'engagerait sa persévérance. Aussitôt qu'il vit la confiance du roi ébranlée, Malesherbes lui porta sa démission; Turgot eut la fierté de se faire demander la sienne.

Malesherbes quittait le ministère après dix mois seulement d'un infructueux essai, renfermant sans doute dans son cœur bien des inquiétudes pour cette monarchie dont il avait vu de près toutes les faiblesses. Mais il ne parut sensible qu'à la joie de se retrouver libre, de revoir son heureuse retraite, de reprendre ses douces occupations. Il employa quelques mois de ce nouveau loisir à parcourir les montagnes de la Suisse, celles des Pyrénées et de l'Auvergne. L'amour de la science, qui partageait sa vie avec la passion du bien public, avait maintenant son tour. Il avait assez vu les hommes pour éprouver le besoin d'élever son esprit par la contemplation de la nature. Il voulait l'interroger encore dans les pages les plus animées du livre immense où elle s'est révélée. On sait que, dans le cours de ses voyages, il cacha soigneusement son nom, craignant toutes les gênes, même celle de la gloire, et que ce mystère lui attira plusieurs aventures où sa modestie seule pouvait avoir à souffrir.

De retour dans sa terre, il y continua ses travaux et ses bienfaits; tantôt, la serpette à la main, voyant grandir ses arbres apportés des pays lointains; tantôt prenant la plume pour développer les idées qui lui étaient venues de l'étude ou de l'expérience sur les sujets les plus intéressans pour l'humanité. A ce titre, rien ne méritait mieux d'occuper ses méditations que ce qu'on appelait, dans le ministère qu'il avait quitté, les affaires des protestans.

Il est peut-être consolant de trouver que toute persécution porte avec elle le principe d'une absurdité; car c'est une voie ouverte pour revenir à la justice. On avait persuadé à Louis XIV que ses édits et ses dragons avaient converti tous les hérétiques, et la législation, consacrant ce mensonge des courtisans, ne vit plus dans le royaume qu'une seule religion. Comme la loi de l'état avait remis aux prêtres catholiques le droit de constater les actes de la vie civile, des hommes qui ne reconnaissaient pas leur ministère, et qui étaient repoussés de leur communion, ne trouvaient personne pour recevoir les engagemens et conserver les titres de la famille, que la nature plus puissante les invitait à former. De là ces mariages célébrés dans le désert, où le contrat, qui est la base de la société humaine, recevait d'un proscrit toute son authenticité. De là des contestations sur la légitimité des enfans, dans lesquelles les tribunaux étaient obligés de violer la loi par respect pour la vérité. Malesherbes adressa deux mémoires au conseil du roi pour que l'on fît cesser ce désordre. Il demanda l'établissement d'un magistrat destiné à recevoir la déclaration des actes civils pour les Français séparés du culte catholique. Il le fit avec cette puissance de raison qui éclaire, et en même temps avec cette habileté de ménagemens qui ne heurte aucune prévention. Il eut le talent d'intéresser la mémoire de Louis XIV à cette réparation d'un tort dont elle reste entachée ; et il obtint de Louis XVI un édit que les bienfaits d'une liberté plus large firent bientôt oublier, mais qui n'en fut pas moins alors une noble conquête de la tolérance et de la raison.

Malesherbes siégeait une seconde fois dans le conseil du roi lorsque cet édit fut donné. Après onze années d'une vie tranquille, il s'était arraché de sa retraite pour prêter l'appui de son nom à un ministère nouveau. C'était à la suite de ce périlleux essai qu'un ministre présomptueux venait de faire en présence des notables assemblés, et qui avait précipité sa chute. L'opinion publique, qui croyait l'avoir renversé, n'avait eu aucune part à l'élévation de ceux qui profitèrent de sa disgrâce. Le roi lui-même les avait plutôt reçus que choisis. Ils jugèrent que la présence de Malesherbes, estimé du roi et toujours cher au peuple, leur tiendrait lieu de réputation. Il n'avait guère de commun avec l'un d'eux que le lien de la parenté. L'autre lui était depuis long-temps suspect à cause d'un esprit remuant qui le mettait de toutes les tracasseries et de toutes les cabales. On peut donc croire qu'il se laissa vaincre seulement par un mouvement d'affection pour le monarque dont il avait guidé les premiers efforts, et qu'il espérait pouvoir secourir dans ses derniers embarras.

Mais il s'aperçut bientôt qu'on avait voulu sa personne et non ses conseils. Comme il n'avait aucun département à diriger, il n'était parmi les ministres qu'un donneur d'avis, toujours importun, rarement écouté. Il y avait toujours quelque affaire pressante qui empêchait de songer au péril de la monarchie; et Malesherbes, qui voyait l'orage s'approcher, était forcé de confier au papier ses craintes et ses idées, ainsi qu'aurait pu le faire le citoyen le plus éloigné des délibérations. Il avait compris facilement le caractère de cette opposition dont le parlement n'était que l'organe. Cette disposition ardente de tout un peuple ne lui semblait pouvoir être arrêtée que par de promptes satisfactions, surtout par une sévère économie, par un retranchement hardi des dépenses inutiles, qui sont toujours, aux yeux de la multitude, le plus irritant des abus.

D'autres conseils prévalurent. On voulut faire violence au parlement ; le parlement appela les états-généraux, et ce que Malesherbes avait exprimé, treize années auparavant, comme le vœu d'un sujet fidèle, retentit alors dans la France entière, avec toute la force d'une menace. Il fallut obéir à cette nécessité. Mais tout ce qu'on faisait sentait la contrainte, le chagrin, le désir de reculer, et excitait encore plus l'impatience de la nation. Malesherbes crut alors avoir un dernier devoir à remplir. Il écrivit un nouveau mémoire sur l'état des affaires. Il y traçait la politique à suivre pour assurer le royaume contre ses ennemis, en calmant l'agitation de l'intérieur ; et cette politique était toujours l'exécution fidèle des promesses que le peuple avait reçues, la réparation des torts dont il se plaignait. Il rappela au roi que tout semblait avoir été combiné « pour tromper le peuple » sur ses intentions ; que lui-même, admis dans » son conseil, avait pu douter long-temps de sa » volonté. Si le roi, disait-il, avait ouvert son » cœur à la nation, tout serait fait à présent. Le

» roi aurait perdu une partie de ce pouvoir ab-
» solu qu'exerçait Louis XIV ; mais c'eût été
» volontairement qu'il y aurait renoncé, et il
» ne la perdra pas moins pour avoir différé de
» s'expliquer. » Il paraît certain que Louis XVI
ne lut pas alors ce mémoire, auquel il ne put
trouver plus tard que le triste intérêt d'une
prédiction accomplie, et Malesherbes eut enfin
la liberté de retourner dans sa retraite, après
avoir deux fois sauvé sa renommée du ministère.

Maintenant tous les esprits étaient occupés à
préparer les travaux de l'assemblée qui allait se
réunir, et il n'était aucune partie de la législation sur laquelle chacun ne crût devoir publier
ses idées, essayer ses systèmes. Ce mouvement
général de la pensée semblait avoir réchauffé la
vieillesse de Malesherbes. Toujours infatigable,
il s'occupa dans sa solitude d'éclaircir plusieurs
questions d'intérêt public. Il en était une surtout
qui appartenait à son expérience. Le parlement,
au nombre des bases qu'il avait assignées à la
nouvelle constitution de l'Etat, venait de placer
la liberté de la presse ; désaveu tardif de tout ce
qu'il avait fait contre elle. Malesherbes s'empressa

de traiter ce sujet, avec l'ardeur de son ancienne conviction et le témoignage imposant de tous les désordres qu'il avait connus. Il établit par des raisonnemens, par des faits surtout, le mal et en même temps l'inutilité de la censure préalable. S'il ne proposa pas de l'abolir tout à fait, et de laisser la presse libre répondre de ses excès devant les tribunaux, c'est qu'il ne trouvait pas encore en France de juges qui lui offrissent une suffisante garantie. La conversion du parlement lui semblait trop subite et trop récente pour qu'on pût s'y fier entièrement. Mais les principes qu'il avait posés n'en conservèrent pas moins leur autorité; et, vingt-cinq ans après, lorsque la France avait usé déjà toutes les théories et subi toutes les épreuves d'une révolution, ce furent le nom et les paroles de Malesherbes qu'elle invoqua (1) pour demander à la vieille monarchie cette liberté qu'on lui disputait encore.

Cependant les états-généraux étaient assemblés. Les événemens se pressaient, et l'impatience des esprits les accusait de lenteur. Sous les

(1) Session de 1814. Rapport de M. Raynouard, député.

coups précipités des législateurs, tombait tous les jours quelque pierre de cet édifice irrégulier qui avait traversé tant de siècles, pendant que les factions s'emparaient de l'enthousiasme public au profit de leurs desseins. Malesherbes s'aperçut bientôt que ses projets d'amélioration, mûris dans le silence, loin du tumulte des passions, faits pour aider une marche plus mesurée et plus sûre peut-être, ne convenaient pas à ce mouvement emporté qui laissait si loin derrière lui toutes les prévoyances. Toutefois, en ce moment même, il ne fallait que lui présenter l'apparence d'un devoir pour l'amener à exprimer toute sa pensée. Les hommes qui voulaient mettre de l'ordre dans la destruction, et assurer ainsi aux innovations quelque avenir, s'empressaient de le consulter. « Quand un député de l'assem- » blée nationale m'interroge, disait-il, ce serait » une lâcheté de garder le silence, » et il répondait comme il l'eût fait à la nation tout entière lui demandant compte de sa conscience.

C'est dans une de ces occasions qu'il crut devoir recueillir et retracer tous les actes de sa vie, pour en bien faire comprendre l'enchaînement,

et la suite. Car déjà Malesherbes en était à se justifier. On lui attribuait alors avec reproche, comme ensuite on a voulu lui prêter avec éloge, l'abandon des sentimens qu'il avait professés autrefois. Il reproduit en peu de mots toute sa conduite, empreinte des mêmes sentimens et des mêmes principes (1). Puis il arrive à la question du moment, à celle qui n'osait pas encore se produire. Il la dépouille des voiles dont on l'entoure. Quelques personnes essaient de forcer le public à se demander s'il faut un roi en France, et de lui faire décider d'avance qu'il n'en faut pas, en réduisant la royauté à n'être plus qu'une superfluité onéreuse. « Là-
» dessus, dit-il, mon parti est pris et décidé. Je
» crois qu'il faut un roi en France. Si les choses
» viennent à ce point que chaque citoyen doive
» émettre son avis, je soutiendrai celui-là de
» mon suffrage, parce que je suis trop vieux et
» trop peu exercé aux armes pour pouvoir le
» soutenir autrement. »

Dès-lors ne devine-t-on pas que cette foi politique, qui s'exprime avec tant d'ardeur lors-

(1) Lettre à M. Boissy-d'Anglas, du 22 novembre 1790.

que la doctrine seule est attaquée, doit prendre bientôt, dans une âme tendre et sensible, le caractère plus vif d'une affection personnelle? Au temps où la cour était heureuse et brillante, lorsqu'une foule empressée assiégeait le trône, Malesherbes fuyait ce vain éclat; il s'y trouvait déplacé; ou bien il se faisait honneur d'y porter l'habit simple et sévère du magistrat, qui contrastait avec d'ambitieuses parures. Ce fut en 1792, ce fut dans ce palais des Tuileries, où Louis XVI avait été ramené captif, qu'il prit l'habitude d'assister au lever d'un roi. On dit que, pour la première fois, il y parut avec une épée, le lendemain du jour où cette demeure avait été violée par une multitude furieuse. Il lui semblait que cette arme n'était plus désormais un ornement inutile. Depuis ce moment il fut exact à remplir son devoir de courtisan. Il ne manquait pas chaque dimanche de se tenir dans la chambre du roi : « Je ne lui parle » jamais, disait-il, mais il me suffit de l'avoir » vu, et je crois aussi qu'il est bien aise de me » voir. »

D'autres malheurs vont exalter ce sentiment

jusqu'à l'héroïsme. Louis XVI n'est plus aux Tuileries; ce qui lui restait de royauté est tombé sous le souffle d'un orage populaire. Il n'y a plus en France pour lui qu'une prison, et son nom n'est prononcé dans les débats d'une assemblée nouvelle qu'avec des imprécations. Les premières séances de la Convention entendent un cri que mille pétitions reproduisent : « Il faut juger Louis XVI ! » Des paroles horribles se joignent à ce vœu qui semble au moins demander justice. Un homme a proposé « de condamner sur-le-
» champ à mort, en vertu d'une insurrection,
» celui qui fut roi. »

Et pour ne se tromper sur rien, pour apprécier du même coup et l'entraînement des passions, et l'oppression des consciences, et la générosité des dévouemens, reportons-nous, par la pensée, à ces temps où l'on vivait de colère et de terreur, où le meurtre était l'expression familière des haines politiques. Pénétrons dans cette assemblée où deux partis s'attaquaient, non pas avec des argumens et des insinuations, mais avec des menaces et des transports de rage, où tout était parole de mort et de sang. Ecoutons encore les mugissemens du dehors qui venaient animer la fureur, épouvanter la faiblesse et commander la vengeance.

C'est au milieu de cette tempête, c'est parmi ces hommes qui avaient besoin d'une victime pour ne pas se déchirer entre eux, qu'une lettre est remise au président de l'assemblée. On y lit ces mots : « J'ignore si la Convention donnera
» à Louis XVI un conseil pour le défendre, et
» si elle lui en laissera le choix ; dans ce cas, je
» désire que Louis XVI sache que, s'il me choi-
» sit pour cette fonction, je suis prêt à m'y dé-
» vouer. Je ne vous demande pas de faire part à
» la Convention de mon offre; car je suis bien
» éloigné de me croire un personnage assez im-
» portant pour qu'elle s'occupe de moi. Mais j'ai
» été appelé deux fois au conseil de celui qui fut
» mon maître dans le temps que cette fonction
» était ambitionnée par tout le monde; je lui
» dois même service lorsque c'est une fonction
» que bien des gens trouvent dangereuse. »

Et l'homme qui se dévoue ainsi a vu ses avis assez dédaignés pour qu'il puisse se croire, aux yeux de tous, quitte de la reconnaissance! et son nom semble désormais effacé de la mémoire des hommes, par cette foule de réputations que les troubles politiques produisent et dévorent si vite! C'est lui pourtant qui vient à la recherche du péril, qui ne veut pas qu'on l'oublie lorsqu'il s'agit de danger, qui refuse la protection de cette obscurité dont on l'a toujours connu si jaloux. Et ne voilà-t-il pas qu'il retrouve dans le vocabulaire des cours ce titre qu'on donne aux rois pour leur arracher des faveurs, ou se couvrir de leur pouvoir! Il commence à s'en servir pour désigner celui qui n'a plus de sujets, plus de serviteurs, plus d'amis.

Ah! que ne pouvons-nous tout à fait dépouiller le caractère de contemporains, nous soustraire à l'obsession continuelle des opinions qui se débattent encore sur cette triste page de notre histoire, et nous enfoncer davantage dans la postérité! Que nous voudrions être loin de ces souvenirs, rajeunis encore par d'imprudentes recherches et de de haineuses récriminations, pour contempler à notre aise ce spectacle qui ne nous intéressait pas autrement qu'un récit des temps anciens! Quelle émotion ne nous causerait pas alors l'apparition de ce vieillard arrivant à la porte du Temple, courbant sous un guichet sa tête blanchie, forcé de s'asseoir sur les marches de l'escalier où ses jambes fléchissent, introduit enfin auprès de celui qu'on appelait naguère le descendant de tant de rois, maintenant prisonnier et promis à l'échafaud. Lorsque ces titulaires des vieilles dynasties sont sur le trône, on peut les dépouiller de leur grandeur, leur contester l'origine dont ils se vantent, les réduire à la condition d'hommes. Mais quand ils sont précipités dans une telle infortune, on se souvient malgré soi des illusions dont ils furent entourés, de cette superstition au milieu de laquelle on les a nourris, pour mesurer la hauteur de leur chute et la profondeur de leur misère. Malesherbes dut penser ainsi lorsque, dans l'étroite enceinte où Louis XVI était enfermé, il se sentit serré entre ses bras et mouillé de ses pleurs. Là plus de distance, plus d'intrigues, plus de défiance entre le prince et le fidèle conseiller; personne qui soit envieux de leur entretien.

On dit que, dans ces jours d'épanchement et

de confidence, un souvenir de l'autre temps vint se placer dans l'âme du prince, occupée d'un si triste avenir. Il se rappela ce mémoire que son ministre lui avait adressé quatre années auparavant. Il ne l'avait pas lu, et il pressa Malesherbes de le lui remettre, comme s'il voulait se donner, au milieu de sa douleur, l'occasion d'un repentir. Il y trouva, non pas sans doute la prophétie exacte de ce qui devait arriver, car il ne fut donné à personne de le prévoir, mais un tableau des dangers qu'on pouvait attendre, et de sages conseils pour les détourner. Son cœur se déchira, et cette réparation fut cruelle pour celui qui n'avait cru apporter dans un tel lieu que des consolations et des secours.

Pendant dix jours, Malesherbes s'occupa de préparer la défense de Louis XVI avec un autre vieillard, que le seul devoir de sa profession avait élevé jusqu'au dévouement, et le jeune orateur qui devait survivre assez long-temps à cet emploi courageux du talent pour en recevoir la récompense. Mais ces longues conférences ne suffisaient pas à son zèle. Jamais, dans le temps de sa puissance, Louis XVI n'avait eu de serviteur aussi assidu. Le matin, il venait le visiter, presque toujours chargé de quelque document utile pour son procès, ou de quelques paroles que lui faisaient passer un petit nombre d'hommes fidèles au malheur. Une fois, il lui fit accepter un de ces services dont l'amitié qui donne ne se vante pas, dont ne rougit pas l'amitié qui reçoit. Louis XVI en mourant parut laisser un héritage de cent vingt-cinq louis, et cet or n'était pas à lui, il appartenait à Malesherbes.

Lorsque la fatale sentence fut prononcée, les trois défenseurs essayèrent d'appuyer la déclaration par laquelle Louis XVI appelait au peuple du jugement de ses représentans, inutile effort qui n'obtint qu'un pardon menaçant. Malesherbes se leva le dernier; mais ses paroles ne purent traverser ses sanglots; l'expression manqua à ses idées, sa voix s'éteignit, et cette impuissance de la douleur fut encore éloquente. Un membre de l'assemblée en fut ému; il demanda que la séance fût remise au lendemain, afin de laisser à l'illustre vieillard le temps de recueillir ses pensées, et il y eut un décret pour ordonner que Malesherbes ne serait pas entendu.

Tout était consommé, et il ne restait plus qu'à instruire Louis XVI de sa destinée. Ce fut là le douloureux office qu'eut encore à remplir Malesherbes. Heureusement, en cet instant cruel, il trouva une âme digne de la sienne. Le rôle qui lui convenait lui demeura tout entier. Il pleurait, et Louis XVI le consolait. Enfin ce fut lui que le condamné chargea de lui envoyer un prêtre. « C'est une étrange commission pour un » philosophe, » ajouta le malheureux roi. Mais la philosophie de Malesherbes lui avait appris les ressources que peut trouver dans la foi du chrétien un cœur brisé par l'infortune. Quelques jours auparavant, il avait dit à un gardien de Louis XVI, qui craignait qu'on ne lui apportât des armes : « Louis est un prince religieux ; la » religion le soutient et le console, et elle lui » ordonne de vivre. » Religion, philosophie, deux principes que les hommes ont faits ennemis, qu'ils inscrivent encore sur des bannières opposées, qu'ils osent accuser de leurs crimes ou de leurs folies, les voilà cette fois en présence, se donnant une main fraternelle, se prêtant l'un à l'autre une touchante assistance ! C'est Malesherbes qui amène Edgeworth et qui lui cède sa place. Quand on n'a plus rien à espérer des hommes, le philosophe se retire, et la mission du prêtre commence.

Mais il semblait que, dans la balance des grandes actions et des forfaits que notre révolution devait laisser à l'histoire, le jugement de Louis XVI ne pesât pas assez. Malesherbes avait trouvé dans sa retraite, dans les soins de sa nombreuse famille, la seule consolation qui pût arriver jusqu'à son cœur. Au mois de décembre 1793, on vint arracher de ses bras son gendre et sa fille aînée. Le lendemain il fut arrêté lui-même, et conduit à Paris avec les enfans de sa fille. Qui nous dira maintenant le secret de cette âme, tout à l'heure abîmée dans l'affliction d'un malheur étranger; et reprenant sa sérénité, son calme, son enjouement, à l'approche d'une infortune personnelle? Tel fut Malesherbes lorsqu'on le traînait en prison. Tel il se montra surtout, lorsqu'il eut obtenu la faveur de se voir réuni à sa famille dans la maison d'arrêt que, par une insultante ironie, on avait appelée Port-Libre. On raconte qu'il y eut à son entrée quelque chose de solennel. Les prisonniers étaient réunis; tous se levèrent avec respect en entendant prononcer son nom, et lui offrirent la place d'honneur. « J'aperçois, dit-il, un homme » plus âgé que moi, cette place lui appartient.»

Quatre mois se passèrent ainsi. Les murs de la prison ont renfermé les derniers entretiens de Malesherbes, et la hache du bourreau en a emporté les souvenirs. Sans doute il eut pendant ce temps-là quelques joies. Car on se voyait alors sous les verroux, comme on se retrouvait autrefois dans le monde après une longue absence et de périlleux hasards. Mais si ce rapprochement était plein de douceur et de tendres communications, la séparation était cruelle, l'adieu était sans retour. Le gendre de Malesherbes, Lepelletier de Rosambo, sortit le premier. Le lendemain on vint le chercher lui-même! non pas seul, comme il l'aurait voulu, mais avec lui sa fille, sa petite-fille, et le mari de celle-ci qui s'appelait Châteaubriand; trois générations destinées à la mort. On les mena devant le tribunal révolutionnaire. L'acte d'accusation dressé contre eux n'était que ce cadre banal où l'on inscrivait le nom de toutes les victimes. Malesherbes répondit peu de mots à l'homme, nous ne dirons pas au magistrat, qui l'interrogeait. Les qualités qu'il se donna furent celles-ci : « ci-devant noble, » ex-ministre d'état, et en dernier lieu défenseur » officieux de celui qui a régné sous le nom de » Louis XVI. »

Il fut condamné avec trente autres personnes, et dans les mêmes termes ; car on n'avait pas le temps de faire à chacun sa part de crime. Aussi la charrette de la mort avait-elle de singulières rencontres. Cette fois, Malesherbes, d'Éprémenil, Thouret, Chapelier, quatre hommes qui avaient eu l'un après l'autre leur tour de popularité, étaient entassés pêle-mêle avec des prêtres, des gentilshommes et des femmes, dont l'une, âgée de vingt-trois ans, appelait en vain la Pologne, sa patrie. Il y avait dans ce seul tombereau de quoi faire l'histoire des variations de l'opinion publique pendant vingt années, et toutes ces fortunes diverses, toutes ces existences politiques qui s'étaient remplacées dans la faveur des peuples, arrivaient ensemble à l'échafaud.

On dit qu'en sortant de la Conciergerie, le

vieillard se heurta contre une pierre. Il se retourna en souriant vers son voisin et lui dit : « Voilà » un funeste présage, un Romain à ma place » serait rentré. » Peut-être espérait-il en ce moment que, par égard pour ce privilége de la vieillesse qu'il avait toujours respecté, on le laisserait donner à ses enfans l'exemple de mourir. Ne demandons pas ce qu'il éprouva lorsqu'il vit frapper tour à tour sa fille, sa petite-fille, et l'époux de sa petite-fille. Le cœur d'un homme n'est pas fait pour soutenir de telles horreurs, et à peine suffit-il à les raconter.

Ainsi mourut à l'âge de soixante-douze ans et quatre mois un de ces hommes rares qui ont mérité l'admiration des siècles, non pas par une action puissante sur l'esprit de leurs contemporains et sur la destinée des peuples, mais par la seule constance d'une vertu toute personnelle, ne reconnaissant d'autre guide que le devoir, ne recherchant d'autre succès que la satisfaction intérieure de la conscience, isolée au milieu des passions qui se groupent, et suivant toujours sa règle sans souci des applaudissemens ou des périls. Cette gloire n'a pas sans doute l'éclat des grandes renommées auxquelles on a coutume de rapporter tout l'honneur des entreprises heureusement accomplies, et qui devraient peut-être en restituer une part à la fortune ; mais elle est pure du moins, elle n'inspire que de tendres émotions ; elle ne divise pas les hommes par des ressentimens et des reproches ; elle les invite au contraire à s'unir, à s'aimer ; elle leur demande un culte qui les rapproche, et elle appelle toutes les opinions à s'y rallier, tous les cœurs généreux à s'y confondre. Si quelque chose pouvait hâter parmi nous la réconciliation des partis, lent ouvrage du temps, des regrets et de la raison, ce serait certainement le souvenir de ce grand citoyen, de cette illustre victime, dont toute la vie fut consacrée au bien public, à la liberté de son pays, et qui a laissé aux révolutions la profonde leçon de sa mort.

FIN DU 1ᵉʳ VOLUME.

www.ingramcontent.com/pod-product-compliance
Lightning Source LLC
Chambersburg PA
CBHW071336150426
43191CB00007B/749